Paolo Gessaga

Considerazioni sull'etica della vita

Paolo Gessaga

Considerazioni sull'etica della vita

Il valore della vita umana al centro di ogni sviluppo scientifico ed etico.

Edizioni Sant'Antonio

Imprint

Cover image: www.ingimage.com

Publisher:
Edizioni Accademiche Italiane
is a trademark of
Dodo Books Indian Ocean Ltd. and OmniScriptum S.R.L publishing group

120 High Road, East Finchley, London, N2 9ED, United Kingdom
Str. Armeneasca 28/1, office 1, Chisinau MD-2012, Republic of Moldova, Europe
Printed at: see last page
ISBN: 978-613-8-39454-9

PREFAZIONE

"Regolerò il tenore di vita per il bene dei malati, secondo le mie forze ed il mio giudizio, mi asterrò dal recar danno e offesa". "Non somministrerò ad alcuno, neppure se richiesto, un farmaco mortale". "A nessuna donna darò un medicinale abortivo". "In qualsiasi casa andrò, vi entrerò per il sollievo dei malati, mi asterrò da ogni offesa e danno volontario, da ogni azione corruttrice sul corpo delle donne e degli uomini, liberi e schiavi". Questi imperativi morali, posti alla base del comportamento del medico costituiscono il nucleo del cosiddetto giuramento di Ippocrate che risale al V° secolo a.C. Essi sono evidentemente improntati ad un ideale di sacralità della vita, verosimilmente ispirata al pensiero filosofico pitagorico. Tuttavia, questo documento, pur nella sua evidente forza assertiva rivela il potenziale conflitto, già allora ben presente fra doveri morali e comportamenti pratici quotidiani. In effetti in quel tempo ad esempio, l'aborto ed il suicidio assistito non erano condannati dalla legge né proibiti dalla maggioranza dei precetti religiosi. Inoltre, risulta chiaro che il problema della bioetica è solo apparentemente legato all'evolversi tumultuoso e straordinario delle conoscenze medico-biologiche. Esso fa piuttosto, riferimento a preliminari riflessioni filosofico-religiose, base dei comportamenti dell'uomo in ogni ambito delle sue attività, non soltanto nei confronti della malattia o della sofferenza. L'autore ci sottopone i criteri che ispirano la sua visione etica nell'affrontare argomenti formidabili che riguardano la vita intrauterina, la morte, la sperimentazione medica e che si traducono, nella vita quotidiana, nei temi dell'aborto, della contraccezione, della procreazione assistita, della donazione degli organi, del rifiuto delle cure, del fine vita. L'impostazione dell'autore sulla parte etica e dell'autore sulla parte sanitaria è, evidentemente, ispirata ai valori del cristianesimo allorché afferma il significato insostituibile della vita umana quale dono di Dio. Ne consegue la cura per la vita a partire dal concepimento fino alla sua conclusione naturale. L'accoglimento e non il contrasto delle conoscenze scientifiche si traduce in elemento di sostegno al pensiero filosofico-religioso che indica nella solidarietà la guida dei nostri rapporti con gli altri, scegliendo di star dalla parte della vita, intesa, cristianamente, come dono unico e irripetibile. Quanto detto circa i criteri alla base di una scelta etica, sembrerebbe poterli condurre a soluzioni lineari e, tutto sommato semplici di ogni situazione, applicando in maniera automatica rigidi criteri morali. Questo, credo sia necessario ammetterlo, si scontra con la straordinaria complessità di situazioni che dobbiamo talora affrontare, in cui si intrecciano inestricabili e conflittuali condizioni fisiche, psicologiche, economiche, ambientali dei singoli casi. Credo che sia ragionevole, talora, dubitare sulla applicabilità di una scelta rigidamente coerente con le regole di comportamento cui pure abbiamo liberamente aderito. Ritengo di aver colto nello scritto dell'autore la comprensione nei confronti di coloro che si interrogano sulla compatibilità inderogabile fra comportamenti etici e comportamenti pratici. Se non ho frainteso questa impostazione "problematica" e non "dogmatica", costituisce uno degli aspetti meritori di questo lavoro. Comunque esso fornisce al lettore molti strumenti di riflessione partendo dalla considerazione fondamentale che tutti gli uomini sono figli di Dio, fratelli e sorelle fra loro, e pertanto legati dalla legge dell'amore, come predicato da Gesù Cristo.

dr. Gianpiero Tonnarelli – medico chirurgo

già primario del reparto di neurochirurgia presso Ospedale di Legnano (Milano)

INTRODUZIONE

Il testo che presentiamo ha come unico scopo quello di portare alla riflessione il tema dell'etica della vita nelle varie situazioni in cui occorre prima di tutto capire ciò che sta avvenendo per poi intervenire. L'argomento è vasto, molto complesso per le situazioni che oggi si sono venute a creare con i vari interventi della scienza medica nel campo del fine vita piuttosto che della generazione. Non abbiamo la pretesa di trattare tutte le argomentazioni al riguardo. Semplicemente vogliamo offrire degli spunti raccolti dall'esperienza e portati a confronto con le posizioni di filosofi, giuristi, letterati e ovviamente del testo biblico e del magistero della chiesa. Un tentativo di andare a fondo con degli spunti il più possibile aggiornati e tendenti a fare chiarezza sugli argomenti che vengono affrontati. La nostra posizione è per la salvaguardia della vita fin da suo sorgere così come nella fase della sua conclusione. Ciò non significa non dialogare e raccogliere spunti e idee che vengono dalla mentalità nella quale viviamo. Certamente parlare oggi di etica significa tracciare un confine tra ciò che è bene e ciò che si ritiene possibile. L'evoluzione scientifica ha portato a parecchi traguardi che un tempo, anche solo pochi decenni or sono, sembravano impossibili. Lasciare alla sola scienza il monopolio sul tema della vita significa rinunciare a pensare, raccogliere e confrontare il pensiero umanista con le opportunità scientifiche attuali. Non abbiamo ampliato gli stessi argomenti che sono parecchi nei quali la casistica delle scienze va a scontrarsi ed a entrare a contatto con il bene della persona e con le possibilità che questo bene abbia anche una sua definizione sul piano giuridico oltre che etico. Gli argomenti sono in rapida evoluzione e lo stesso diritto positivo di ogni Stato ne risente. Il nostro lavoro non va a prendere in considerazione tutte le leggi al riguardo, solo ne accenna qualche passaggio essendo prevalentemente orientato alla riflessione etica su ciò che è bene o male, ciò che va fatto o evitato per il fine superiore del benessere della persona.

Qual è il bene possibile? Quale invece il male evitabile? Ed in ogni caso come agire sulla persona, sul suo corpo di fronte a situazioni di malattia piuttosto che di necessità?

Domande che richiedono una risposta, così come la definizione di corpo, di persona, e quindi dell'antropologia connessa su cui si ispirano le scelte etiche. Gli argomenti vengono normalmente trattati a partire da situazioni concrete, casi raccolti dal vissuto, quindi veri, reali che portano a delle elaborazioni di pensiero in linea con quanto andiamo costruendo nel procedere sui vari passaggi. La necessità del confronto con la varietà delle istanze e dei valori culturali, religiosi e politici espressi dalla società, dove l'autonomia personale e la libertà di scelta sono il valore supremo. Siamo chiamati in ogni momento a riconsiderare i dilemmi della bioetica alla luce di un rinnovato rispetto per il multiculturalismo e la democrazia. Il settore dell'etica della vita è stato senza dubbio, più di ogni altro, al centro degli sforzi per trovare nuovi paradigmi morali, nella consapevolezza delle difficoltà e dei limiti della stessa tradizione morale occidentale che le nuove questioni hanno reso evidenti. Del resto in pressoché tutte le religioni esiste la regola d'oro dell'etica, nel Cristianesimo si riassume nel detto evangelico: "*Fai agli altri quello che vorresti fosse fatto a te*" (Mt.7,12). Ciò significa che sappiamo esattamente quale tipo di comportamento ci aspettiamo dagli altri, non abbiamo bisogno che ci vengano insegnate troppe regole etiche, dovremmo solo comportarci nello stesso modo in cui vogliamo che gli altri si comportino nei nostri confronti. Iniziamo a dare agli altri, sapendo che nel dare anche noi riceviamo: riceviamo i nostri diritti, la nostra umanità, tutto. Nel dirimere gli argomenti è senz'altro questa una regola molto adatta a creare la mentalità del pieno rispetto per ogni espressione di vita, vuoi al suo inizio piuttosto che alla conclusione e pone dei precisi campi su cui restare ancorati. Il primo fra tutti il senso, il significato, il valore dell'esistere alla luce non solo del vivere fisicamente ma del saper andare oltre e capire i tanti perché dell'esistenza. La morale si rivolge sempre a una persona libera che sa percepire la legge non come una coercizione esterna, ma come un'esigenza umana interna. Il pensiero orientato e illuminato da supporti scritturistici piuttosto che filosofici porta a considerare gli insegnamenti etici come il fondamento di un sistema di opinioni sulla società. Così valga per i precetti morali, categorie senza tempo. Questi sono conosciuti come i principi della vita morale. I comandamenti cristiani "Non uccidere", "Non commettere adulterio", "Non rubare", "Non adirarti", "non provare invidia" non sono altro che forme di comportamento morale sorrette nel cammino della stessa religione. Il centro su cui ci muoviamo non è però di tipo imperativo, bensì indicativo di stimoli per favorire l'elaborazione personale di chi sta leggendo, pur mantenendo la propria opinione di fronte alle problematiche affrontate. Dunque un testo che intende portare a comprendere tematiche nelle quali si possono adottare più soluzioni, ma in ogni caso si fa emergere il valore della persona posta al centro di ogni altro sviluppo sia sul piano scientifico che etico. Oggi la sfida è tra essere uomini e donne che si impegnano a vivere in pienezza la propria umanità affrontando a viso aperto i possibili scenari sempre in evoluzione e la parziale rinuncia a tutto questo in nome di una scienza che rischia la riduzione della persona a qualche cosa di manipolabile, avvicinabile ed in ogni caso dominabile in toto per l'enorme impatto consentito dal progresso tecnologico. Recuperare la propria identità con la propria storia e le qualità personali, consente un rilancio di sé stessi nel saper essere a servizio della vita vissuta nella consapevôlezza di un dono da restituire arricchito della propria umanità unica ed irripetibile.

Capitolo Primo

DAI VISSUTI DI ALCUNE PERSONE

Iniziamo con la partenza dal vissuto delle persone, da racconti presi da fatti che **interpellano** e portano non solo a pensare, ma a cercare un cammino condiviso sui valori che tutelano e danno sicurezza alla vita della persona.

1 – dopo una vita molto attiva ricca di tanti avvenimenti soprattutto nel campo delle conoscenze del mondo, con viaggi intercontinentali e tante occasioni per conoscere altre culture un uomo, Filippo, di poco più di settant'anni scopre di essere malato di una malattia grave che può portarlo verso una progressiva perdita della vista e delle capacità cognitive. Sì, le cure, sì l'assistenza medica e di qualche familiare, non era sposato, ma dentro di sé si fa una domanda che diventa un incubo, un ostacolo ad ogni intervento. Si chiede: "*che sono qui a fare? Perché devo o vogliono farmi vivere ancora? Che cosa mi può riservare il tempo che mi resta?*" E da qui fa emergere al negativo almeno cinque realtà non più usufruibili da lui:

- "*non posso più certamente viaggiare, anche se guarissi non potrei muovermi, vedere il mondo e quanto ho potuto raccogliere negli anni migliori;*
- *non riesco nemmeno a legare con gli altri, sto vivendo in una struttura protetta perché non ce la posso fare da solo e anche se migliorassi dovrei sempre dipendere da altri che mi stanno accanto perché lo fanno per mestiere, non per una scelta di amicizia ed affetto e questo mi fa sentire a disagio. I miei amici o meglio a volte compagni di viaggi ed altri incontri si sono diradati e mi hanno lasciato praticamente solo anche perché la mia malattia è lunga, va avanti da tempo;*
- *ho sempre amato l'aria aperta, lo sport come il tennis che praticavo con passione anche da pensionato, così come itinerari naturalistici. Ora quando ci penso mi viene la malinconia e mi sento inutile, mi rattristo perché non posso più tornare a fare nemmeno una piccola parte di quanto ho fatto negli anni passati e non riesco ad accettarlo;*
- *ho perso la mia creatività, potevo permettermi di andare e venire senza tante difficoltà. Anzi la libertà di inventarmi la vita era proprio quanto mi dava soddisfazione e sicurezza, ora sono spento, la giornata è sempre la stessa, non ho più stimoli, mi sembra di essere diventato un vegetale, come una pianta che va innaffiata e curata semplicemente perché non muoia;*

- *infine che cosa decido di me stesso? Sono i medici, gli infermieri, il direttore della casa che provvedono a tutto, anzi mi programmano la giornata come fossi uno dei tanti ingranaggi della loro macchina da far funzionare. Questo per dire a te ed altri che possono venire ad ascoltarmi che non ho più voglia di vivere, che le cure sono solo un allungamento, quasi una tortura per la vita che non mi offre stimoli e opportunità*".

2 – passiamo alla seconda situazione: siamo in una famiglia di anziani marito e moglie con vicino due figli diciamo che loro vivono al primo piano e gli anziani al secondo. Fin qui tutto bene, anzi i nonni curano i nipoti che sono bambini e sono molto uniti tra loro. Arriva però un evento che porta ad un ridimensionamento totale della famiglia: dopo attente analisi e visite mediche la signora settantacinquenne, risulta affetta da grave malattia: **morbo di Alzheimer** la più comune forma di demenza. Sappiamo che è tipica dell'età avanzata, una sindrome neurodegenerativa, che comporta una graduale e irreversibile perdita delle funzioni cognitive. Così avviene e progressivamente la signora non si rende nemmeno più conto di dove sia e che cosa debba fare. Certo l'affetto del marito, così come dei due figli e delle nuore non manca, anzi personalmente mi complimentavo per come assistevano la signora, non le facevano mancare nulla non solo sul piano sanitario, ma anche su quello morale, sempre vicini così come i nipoti. Che dire? Nulla se non che quando ci si trova in condizioni di grave disagio mentale oltre che fisico, avere accanto persone che ti vogliono bene è una grande risorsa, sicuramente la più importante, dà sicurezza e aumenta la volontà di combattere contro la malattia, anche se in questo caso la collaborazione dell'infermo era praticamente nulla. O almeno così sembra, forse perché non riusciva più a parlare, a comunicare in modo da farsi comprendere, ma dentro di sé che cosa possiamo dire? Era davvero così rinchiusa come in una specie di "fortezza" inaccessibile? Perché diciamo questo? Si nel tempo che stava trascorrendo rapido si era arrivati ad una fase della malattia nella quale diventava complessa la nutrizione dal momento che progressivamente non ingeriva più alcun cibo e diveniva difficile somministrarle anche la più piccola quantità di nutrimento. Si poneva il problema etico: praticare la tracheotomia per migliorare la respirazione e nutrirla con forme artificiali quali il sondino gastrico. Che fare? Ne discutevano i figli e si ponevano due posizioni differenti. Da una parte seguire le indicazioni mediche anche se forse si sarebbe dovuto procedere ad un ricovero in una RSA per eseguire correttamente queste tecniche e poi per l'adeguata assistenza e accompagnamento. Dall'altra parte andare avanti in modo normale con il nutrimento difficoltoso che sicuramente portava ad una lenta e progressiva

debolezza organica e quindi ad un abbreviamento della vita. In altre parole la volontà di far sopravvivere più a lungo la signora era sì valutata, ma anche con il grado di sofferenza e disagio che ciò arrecava. Ci si chiedeva quindi se valeva davvero la pena, considerando la qualità della sua vita alquanto disturbata dalla demenza pesante. Dall'altra parte averla ancora in casa, coprirla di tanto affetto ed attenzione, dava modo a tutta la famiglia di partecipare attivamente alla sua situazione personale e accompagnarla verso la conclusione naturale della sua esistenza. Che dire, che fare? Una decisione non facile, un dibattito tra i figli cui assistetti anch'io e ci si orientava verso la soluzione di non intervenire e lasciar proseguire le normali cure nella fase terminale della vita. Anzi i figli consideravano il dettato medico alla stregua di un accanimento verso la madre nella sua già precaria situazione fisica e psichica, come dire: lasciamola andare al suo destino con cura ed attenzione costanti, altre cure anche invasive non sono adeguate a migliorare neppure la qualità della vita. Così erano i ragionamenti e le decisioni conseguenti.

3 – Parliamo ora di una signora: Rosa, sui quarant'anni, sposata e con già due figli. In buona salute, con un lavoro saltuario, mi pare facesse la cameriera a chiamata, quando i ristoranti avevano particolare necessità, quindi con l'incertezza per lo stipendio regolare in ogni mese. Fin qui tutto sembra funzionare, quando però mi racconta di grosse difficoltà con il marito alquanto imprevedibile sul piano relazionale, facile ad alterarsi e dominante su di lei. Le voleva bene, o meglio il suo bene era più indirizzato al fatto che aveva un bel legame con i bambini che lo cercavano e con loro si dimostrava affettuoso. In un certo senso era un uomo dalle due personalità: sostanzialmente distaccato dalla moglie, ma attento ai bambini. Ci si può chiedere il perché? Difficile una risposta immediata, ma era fin troppo facile comprendere che la moglie era di forte personalità e non troppo arrendevole di fronte alle sue forme di comando, così come risoluta nelle decisioni a costo di farlo arrabbiare. Sì lui aveva un lavoro più sicuro anche se con qualche difficoltà a pagare un elevato mutuo per l'abitazione, situata in una località cittadina del centro e piuttosto grande. Perché diciamo tutto questo? Semplice perché il nostro buon marito, forse per la gioia di avere dei bambini piccoli, senza la piena collaborazione della moglie, desidera un altro figlio e riesce a metterla in stato interessante, poiché non avevano in quel momento rapporti sufficientemente protetti. La signora si fa delle domande sull'accettazione del bambino quando già dopo poche settimane si accorge di essere incinta senza averlo minimamente voluto. Anzi si dice ingannata e raggirata da una forma di sottomissione di lui che in questo modo può dominarla

meglio ed avere una specie di compensazione con i bambini al rapporto di coppia assai di basso profilo. Il figlio è solo per lui, per appagare il suo egoismo e la sua prepotente azione nei suoi confronti. Si pone quindi la domanda: tenerlo ossia portare a termine la gravidanza o effettuare l'interruzione volontaria? È assai combattuta, da una parte essendo mamma già di due figli comprende il dramma di una separazione, ma dall'altra ha diverse paure tra cui quella di non poter garantire al bambino, a parte le difficoltà economiche, la giusta serenità casalinga con un marito così prevaricante. Non solo ma comprende che mettere al mondo un figlio senza averlo minimamente desiderato è qualcosa che contraddice la sua persona, il suo progetto di vita. Quello che maggiormente le dà fastidio è che non c'è amore e non vi è stato nemmeno nell'atto del concepimento. Non va dimenticato che la signora ha la mentalità della vita coniugale con il dovere di donare il proprio corpo anche, come in questo caso, senza la condivisione affettiva e nell'unione degli animi. Si sente oltre che usata, ingannata, solo lui voleva il figlio senza averlo comunicato. Che fare? È in grave disagio, sta vivendo il dramma prima di tutto interiore di una scelta e si sente da sola nella decisione. Meno che mai andrebbe da lui a domandare consiglio così come, altro particolare, ai parenti di lui che vivono nell'appartamento a fianco. E qui è lei ad ammettere che il marito è spesso dalla madre da cui secondo lei ha una facile arrendevolezza, perché spesso sono le idee della madre che viene a comunicare specie nell'educazione dei figli. Davvero una situazione delicata e diremmo problematica. Che cosa rappresenta il bambino concepito di poche settimane per questa donna? È la domanda che ci si fa e che richiede una lunga ed elaborata riflessione per trovare una risposta. Il corpo dell'embrione è un corpo completamente diverso da quello della madre. Ha una genetica unica e irripetibile da quel primo momento del concepimento in cui tutte le sue caratteristiche sono già state definite. Anche se il bambino in quel momento non può difendersi, questo non gli toglie umanità. Lo stesso accade a un neonato. Neanche lui può difendersi, ma continua ad essere una persona. Entrambi hanno bisogno della madre, e non è diritto della madre disfarsi di nessuno. In nessuno dei due casi sono il suo corpo. Sono principi che vengono ricordati, ma la signora Rosa è affranta si sente usata, anzi ingannata dal marito che ha voluto un figlio senza la sua approvazione. Che fare? Il fatto che ne parli è perché dentro di sé avverte un combattimento interiore. Sì i princìpi sopra elencati la fanno riflettere, ma dall'altra parte sa che per far crescere un bambino è necessaria la collaborazione piena di una coppia e l'inserimento in una famiglia accogliente. Certamente le due figlie sembrerebbero ben contente di una nuova nascita, in un certo senso lo chiedevano con insistenza, la decisione però è sua. Qui si pone il quesito di ordine etico: fino a che punto possiamo disporre del corpo e arrivare a programmare anche le nascite come fossero nostra "proprietà"? Dall'altra parte il bene, ossia ciò che appare come giusto, doveroso, opportuno e umanamente adatto a crescere e a sviluppare le proprie potenzialità è poter disporre a proprio totale arbitrio della vita di un'altra persona, che sia pure in embrione, resta unica nella propria personalità? Il diritto, la possibilità reale e legale di interrompere la gravidanza come si associa alla coscienza di chi intende salvaguardare la propria umanità da forme che possono portarla verso un degrado? Sono gli interrogativi della signora Rosa e la scelta è connessa con la propria storia personale. Ed ovviamente non conosciamo e non vogliamo andare oltre sui fatti che avvennero in seguito.

L'INDISPONIBILITA' DEL PROPRIO CORPO

Che cosa saremmo senza il corpo? Difficile una risposta completa, certamente per poter parlare di persona, uomo o donna è necessario identificare un corpo composto di varie parti ma prima di tutto temporale, legato alle leggi naturali secondo le quali tutto inizia, si sviluppa, giunge alla pienezza delle possibilità, poi lentamente declina e va verso la propria conclusione. Quindi la propria originalità, la propria personalità parte, e non può farne a meno, dal corpo che appare indispensabile per potersi proporre nel cammino della vita. Non a caso quando si parla di una persona che ha un nome preciso subito si vuole presentarla con il proprio corpo, necessario per identificarla e riconoscere nella sua unicità l'unità inscindibile tra la materialità e provvisorietà del corpo e la parte di sé stessi più interiore; la personalità diremmo "segreta" che ciascuno porta con sé denominata "anima" perché immediatamente non materializzabile e non disponibile come una forma di oggettivizzazione del proprio io. Il nostro corpo quindi non può essere scisso, distaccato dalla nostra parte interiore, l'anima per l'appunto. Ed allora al riguardo vorremmo riportare una favola legata alla mitologia greca dove appare con chiarezza questa realtà. Non dimentichiamo che la mitologia greca ha un'origine antichissima e proprio nella grecità classica nascono le varie scienze non solo filosofiche ma anche mediche, matematiche, musicali, letterarie. Non è una casualità che lo stesso Ippocrate sia sostanzialmente legato alla filosofia presocratica in particolare a Democrito. Egli rivoluzionò il concetto di medicina, tradizionalmente associata con la teurgia e la filosofia, stabilendo la medicina come professione.

LA NASCITA DELL'UOMO

Riprendendo dalla mitologia greca sull'origine dell'uomo, riportiamo la narrazione più antica. Vi sono due racconti, li vogliamo presentare entrambi per le assonanze che si possono poi riscontrare negli stessi episodi presentati dalla Bibbia. Dalle ceneri dei Titani, ossia le forze primordiali del cosmo, che imperversavano sul mondo prima dell'intervento regolatore e ordinatore degli dei olimpici, Zeus formò l'uomo che ha in sé una parte titanica, cioè terrena ed una parte dionisiaca cioè divina. Una favola di Igino in forma mitica presenta la creazione dell'uomo. "*Mentre la Cura (ossia l'Ansia) attraversava un fiume, vide dell'argilla e, pensierosa, ne prese un po' ed incominciò a forgiarla: mentre decideva che farne, intervenne Giove e la Cura lo pregò di dare al fango lo spirito, cosa che ottenne facilmente. Ma quando la Cura volle imporre il proprio nome a ciò che aveva fatto, Giove glielo proibì e pretese che fosse imposto il proprio. Mentre la Cura e Giove stavano discutendo, intervenne anche la Terra reclamando che a ciò che era stato fatto fosse imposto il proprio nome, avendo essa dato una parte del proprio corpo. Ricorsero a Saturno come a giudice e questi comunicò la seguente giusta decisione: "Tu, o Giove, che gli desti lo spirito, questo riceverai alla morte; tu, o Terra, ne riceverai il corpo che gli desti. Ma finché questo essere vivrà, sarà possesso della Cura che per prima lo ha forgiato. Quanto alla controversia che avete circa il nome, lo si chiami homo, perché è fatto di humus*". (da La concezione dell'uomo, a cura di Rodolfo di Chio in Uomo, Amore, Felicità ed. Bulgarini, Firenze 1981, p.20). L'altro racconto riprende Zeus, egli aveva riposto stima in Prometeo (il saggio tra i giganti, il cui nome significa "Colui che è capace di prevedere"), gli diede l'incarico di forgiare l'uomo che modellò dal fango e che animò con il fuoco divino, tipico di Zeus (re degli dei). A quell'epoca, gli uomini erano ammessi alla presenza degli dei, con i quali avevano pubbliche riunioni e banchetti. Durante una di queste riunioni tenuta a Mekone, fu portato un enorme bue, del quale metà doveva spettare a Zeus e metà agli uomini. Il signore degli dei affidò l'incarico della spartizione a Prometeo che approfittò dell'occasione per vendicarsi di Zeus che aveva sterminato la sua famiglia a lui ribelle. Divise infatti il grosso bue in due parti ma in una celò la tenera carne sotto uno spesso strato di pelle e nell'altra, macinò insieme le ossa ed il grasso che ricoprì con un sottile strato di pelle tanto da far sembrare quest'ultima la preda più ricca. Zeus, poiché gli toccava la prima scelta, optò per la parte all'apparenza più ricca. Accortosi dell'inganno, la sua ira fu immediata: privò gli uomini del fuoco, riportandolo sull'Olimpo.

Prometeo, considerata ingiusta la punizione, rapì il fuoco dall'Olimpo che riportò agli uomini nascosto in un giunco. Zeus, accortosi dell'ennesimo inganno che Prometeo gli aveva perpetrato, decise una punizione ben più grande di quella che aveva destinato ai suoi fratelli: ordinò ad Ermes e ad Efesto d'inchiodare Prometeo ad una rupe del Caucaso, ove un'aquila durante il giorno gli rodeva il fegato con il suo becco aguzzo mentre durante la notte si rigenerava magicamente. La leggenda narra che dopo trent'anni, fu liberato dal supplizio da Eracle (Ercole) che recatosi fino alla cima del Caucaso con una freccia uccise l'aquila liberando così il gigante al quale Zeus concesse di ritornare nell'Olimpo.

LA NASCITA DELLA PRIMA DONNA

Zeus, non contento della punizione che aveva inflitto a Prometeo, decise di punire anche la stirpe umana. Ancora nel mondo non aveva fatto la sua apparizione la donna. Zeus pertanto diede incarico ad Efesto di modellare un'immagine umana servendosi di acqua e di argilla. Efesto fu tanto bravo nel modellarla che la donna che ne ebbe origine era superiore ad ogni elogio. Tutti gli dei furono incaricati da Zeus di riporre in lei dei doni: Atena le donò morbide vesti a significare il candore, fiori ed una splendida corona d'oro mentre Ermes pose nel suo cuore pensieri malvagi e sulle curve sinuose delle sue labbra, discorsi affascinanti ma ingannevoli. A questa creatura fu dato nome Pandora (dal greco "pan- doron = tutto dono") perché tutti gli dei le avevano donato qualcosa. Mancava solo il regalo di Zeus che fu superiore a tutti gli altri doni. Egli infatti, donò alla fanciulla un vaso, con il divieto di aprirlo, contenente tutti i mali che l'umanità non conosceva: la vecchiaia, la gelosia, la malattia, la pazzia, il vizio, la passione, il sospetto, la fame e così via. Quindi Zeus affidò la fanciulla ad Ermes perché la portasse in dono al fratello di Prometeo, Epimeteo che si innamorò di lei e l'accettò come sua sposa nonostante i moniti di Prometeo che aveva raccomandato al fratello di non accettare alcun dono dagli dei. Dopo poco che Pandora era sulla terra, presa dalla curiosità aprì il vaso. Da esso veloci corsero come fulmini sulla terra tutti i castighi che Zeus vi aveva riposto: la malattia, la morte, il dolore, e tanti altri, fino ad allora sconosciuti. L'unico dono buono che Zeus aveva posto nel vaso rimase incastrato sotto il coperchio che subito Pandora aveva chiuso: era l'Elpis, la speranza. (da La nascita dell'uomo Eroi e mistici nella Grecia antica Dagli atti del Convegno "Figure archetipali - Tracce sui sentieri dell'uomo" Convegno di Bracciano 3-4 ottobre 2009). Così fu punito il genere umano per non avere rispettato il volere e la regale divinità di Zeus, sovrano del mondo e di tutte le sue cose e creature.

GLI ELEMENTI FONDANTI

Siamo di fronte ad una realtà nemmeno troppo lontana dal racconto biblico della Genesi. Vi individuiamo cinque elementi su cui convergere con la nostra riflessione:

L'origine divina della vita

L'idea, antichissima, che l'uomo sia stato creato dalla terra, è probabilmente il risultato della semplice osservazione che, dopo la morte, il corpo umano si disfà e torna a essere tutt'uno con la terra. Mentre la nascita sembra legata all'acqua, la morte è connaturata alla terra. I nostri antenati dovettero dedurre, e giustamente, che il corpo umano aveva la stessa natura e origine della terra impastata con l'acqua, morbida e malleabile. Ma al contrario di quella, che era solo materia inanimata, l'immagine umana era viva e calda, cosciente e dotata di ragione. C'era dunque, nella terra in cui era stato impresso lo stampo dell'uomo, un misterioso ingrediente che sosteneva la magia della vita e l'enigma della coscienza. Qualunque cosa fosse questo respiro vivente che permeava la materia umana, abbandonava il corpo al momento della morte, e l'uomo tornava a mescolarsi con la terra. Questa concezione sembra connaturata all'idea che gli uomini hanno sempre avuto della loro natura. In ebraico la parola *āḏām* «uomo» è etimologicamente legata a *ăḏāmāh* «terra», e anche in latino le parole *homo* e *humus* mostrano una certa correlazione. Quindi anche in altre culture diciamo pre israelitiche e ovviamente pre cristiane il tema della debolezza del corpo e della sua animazione era diffuso e veniva interpretato come una "scintilla" del divino posta dentro di sé che non poteva scomparire. L'uomo stesso è riflesso della divinità già nel tempo antico perché capace di molte imprese, addirittura di sfidare la divinità stessa. Nella mitologia greca diviene il mito di Prometeo come abbiamo ricordato; nel giudaismo e poi nel cristianesimo è la stessa prima coppia Adamo ed Eva che tendono a mettersi in competizione con Dio prendendo dell'albero in cui Dio stesso aveva detto di non mangiare (Gn.3,1). Non si tratta immediatamente di una rottura, quanto di un'affermazione, la persona, uomo e donna intendono proclamarsi autonomi, vorrebbero poter scegliere liberamente senza alcuna necessità di un legame con la divinità. Lo stesso mito greco citato con il vaso di Pandora esprime il distacco, come se si volesse ignorare la dipendenza divina in quanto creature. Il risultato però è praticamente il medesimo. Nel racconto biblico la consequenzialità della propria autonomia comporta l'uscita dal luogo, diremmo protetto e sicuro, del giardino di Eden verso la terra dove la fatica, il dolore, la malattia, la lotta tra lo stesso uomo e la donna contrassegneranno la storia dell'umanità (Gn.3,16-20). Dio però non lascia sola la sua creatura, ma vuole offrirle un segnale di speranza in quanto vi sarà l'avvento di Colui che potrà vincere quel male che si chiama con tanti nomi: orgoglio, superbia, cattiveria, invidia, violenza che possono incidere profondamente nell'animo dell'uomo e della donna (Gn.3,15). La stessa mitologia greca fa apparire, nonostante la disubbidienza dell'uomo e della donna, la speranza, virtù capace di infondere energia e coraggio nella lotta continua tra il bene ed il male che anche qui diventa emblema di un combattimento mai concluso è di una vittoria assai difficile da ottenere. Ed a questo punto qual è la vittoria reale e fondante il percorso umano? Non basta essere dalla parte del bene occorre conseguire l'immortalità. Questo è il destino dell'uomo, pur nella sua creaturalità viene chiamato a far parte di una situazione completamente nuova: essere con Dio per sempre. È quanto insegnano non solo il giudaismo ed il cristianesimo in particolare con la presenza di Gesù figlio di Dio fattosi uomo, ma anche altre religioni. La divinizzazione dell'uomo giusto, saggio, diremmo nella terminologia ellenistica: il sapiente, colui che è amico della sapienza, sa vedere, cercare il bene oltre le cose che appaiono è già nella vita terrena unito interiormente alla Divinità. Questo per ricordarci il valore dell'uomo, non è solo una creatura come tante ne esistono nel mondo animale, ma proprio perché possiede dentro di sé una parte divina può aspirare ad un'unione che può andare ben oltre il tempo terreno limitato che ha da vivere nella precarietà del proprio corpo. Quindi si pone il dilemma che da secoli infiamma tanti dibattiti: quale rapporto tra la materialità del corpo e la grandezza infinita dell'anima o se vogliamo del divino presente nel corpo stesso? Potremmo definire con terminologia filosofica: uomo quale coscienza finita (corpo) dell'infinito (spirito, anima). Ed allora come unire queste due componenti? Nel senso unitario, non può esistere il vivente senza essere animato da una potenza capace di infondere in un corpo fatto di terra e quindi composto di materia organica, una vitalità che lo ponga in grado di pensare, creare, progettare e realizzare addirittura il cambiamento della realtà nella quale vive. La storia dell'umanità è un cammino di trasformazione della natura nell'habitat dell'uomo in cui sempre più ritrova la propria sicurezza, il proprio benessere, la possibilità di una qualità di vita migliore. Quindi la parte che chiamiamo anima è strettamente unita al corpo, è tutt'uno con esso e rende ogni persona nella sua originalità unica ed irripetibile, capace di esprimere la propria personalità in modi completamente differenti gli uni dagli altri. La vita di conseguenza è un bene prezioso che viene custodito e sviluppato dentro il corpo materiale e dà slancio e dignità alla persona stessa.

Sopprimere il corpo, trattarlo in modo sconveniente senza un metodo che ne preservi e curi la vita stessa è certamente ciò che allontana da un comportamento corretto, il solo che consente di promuovere la vita, non nostra ma di sorgente divina e quindi da "amministrare" non da possedere. Di conseguenza per restare nelle situazioni presentate, è vero che in certi momenti di fronte a pesanti malattie, o gravi imprevisti, sopravviene la tentazione di voler sopprimere la vita stessa perché senza uno sbocco differente dalla sua conclusione, occorre però una riflessione. Nessuno ne è padrone, nessuno può disporre di un dono così grande che nemmeno nell'antichità se ne poteva arbitrariamente prendere uso. Non è un caso che chi sopprimeva la vita di un altro, se non in eventi bellici o in duelli, doveva pagarne un alto prezzo e spesso veniva allontanato dalla comunità. Pensiamo a Caino che soppresse addirittura il fratello Abele; la sua espiazione non fu la perdita della vita, quanto l'essere senza patria, senza tribù, senza un punto fisso di riferimento, quindi solo, abbandonato, errante per la terra che aveva ricevuto il sangue innocente del fratello Abele (Gn.4,15-16). Il sangue è segno della vita, spargerlo dopo aver compiuto un grave delitto esigeva un'immediata riparazione da parte del reo. Così citando la mitologia greca la situazione di Oreste che per vendicare la morte del padre Agamennone uccise Egisto l'amante della madre e la madre stessa Clitennestra e perfino la figlia avuta dalla relazione. Una terribile sorte gli toccò, perseguitato dalle Erinni le dee della giustizia, non trovò pace e non ebbe tregua per tutta la vita. Come a dire che il sangue versato, specialmente di persone della famiglia, porta conseguenze pesanti con sé. A maggior ragione il rispetto della vita inizia dalla propria esistenza e dal proprio comportamento nei confronti degli eventi che possono sconvolgerla perché imprevisti. Non occorre sforzarsi per capire la grandezza delle nostre qualità cognitive e spirituali. Davvero sopprimere il proprio corpo significa distruggere un patrimonio unico e capace di conferire ad ogni persona la propria identità promuovendo nella vita la capacità di mettersi a servizio di altri in moltissime modalità.

La cura della persona

È vero che a volte si tende all'utilitarismo valutando la reale resa sociale di ogni individuo in base a ciò che riesce a dare effettivamente alla società. Tanto che è assai più prezioso il tempo della vita da giovane che da anziano, ma tutto questo è solo un modo di pensare che ha alla base l'azione, il fare senza altri riferimenti etici. Non è possibile legare tutto questo alla effettiva capacità di essere protagonisti della propria storia immettendovi non solo l'operatività e la resa diciamo diretta, ma anche l'apporto che ogni persona è in grado di offrire per lo sviluppo della civiltà umana, fosse anche solo con la sua presenza collaborante con quanti vivono insieme. La vita va custodita spesso in un corpo che risente del peso degli anni piuttosto che delle limitazioni dovute all'età o a fenomeni naturali che ne limitano il pieno utilizzo. A riprova di quanto stiamo dicendo prendiamo spunto sempre dall'antichità greca dove si veniva formando lo stesso Stato moderno. Ebbene al di là di quanto è stato detto su Sparta, luogo nel quale vigeva una selezione eugenetica eliminando i disabili, recenti studi con scoperte archeologiche hanno portato ad un'altra conclusione. Alcune figure greche mostrano adulti con disabilità congenite.

«*Nell'insieme, le prove archeologiche dimostrano che i bambini deboli e disabili venivano accompagnati nella crescita per diventare adulti accettati dalla comunità*», afferma Sneeds: «*bisognerebbe diffidare dei miti: in assenza di prove, si vogliono vedere nella Grecia antica problemi di accettazione dei disabili che in realtà non esistevano, mentre questi problemi li abbiamo noi, nella società moderna, in cui sono richieste efficienza e apparenza a ogni costo.*» (da Focus del 10 febbraio 2022 di Franco Capone).

La cura per la persona era quindi una realtà che portava ad occuparsi fin dalla nascita di voler seguire attentamente coloro che per complessi motivi portavano con sé delle disabilità. Sopprimere solo in base alle caratteristiche di salute fisica dei soggetti era più un rischio che una cultura effettiva. Utilizzare il termine sacralità della vita va a coincidere con le stesse culture antiche dal momento che tutto ciò che non veniva compreso nella sua pienezza e fatto oggetto di eventuali interventi era attribuibile alla divinità, la fonte insostituibile della vita. Anzi nel tempo pre socratico si parlava addirittura di archè (in greco ἀρχή, che significa «principio», «origine»), rappresentava per gli antichi greci la forza primigenia che domina il mondo, da cui tutto proviene e a cui tutto tornerà. Si tratta di un concetto molto ampio che viene utilizzato fin dai primi filosofi sotto tre diverse prospettive, o tre significati, anche se strettamente collegati tra loro. La vita viene così delineata attraverso le tre realtà indispensabili per poterla conservare e accogliere. L'elemento materiale presente come fondamento e/o componente elementare delle cose, ad esempio l'acqua di Talete, l'aria di Anassimene, il Logos di Eraclito rappresentato dal fuoco, l'atomo di Democrito e Leucippo. Principio che è apparso cronologicamente/ontologicamente per primo e quindi generatore (ciò che ha prodotto il mondo, ovvero l'elemento alla base di ogni altro ente) e principio conservatore (ciò che mantiene in vita il mondo, senza di esso nulla potrebbe esistere). In questo primo significato alcuni autori vedono un "ciclo": l'Arché costituisce l'origine delle cose, ciò da cui tutto proviene, e la loro destinazione, ciò a cui tutte ritornano. Per tornare al mito prometeico anche il filosofo Eraclito scorge in questo la simbologia del fuoco tipico generatore e distruttore, inizio e termine del cosmo. Il fuoco, condensandosi, diventa aria, quindi acqua e poi terra; dopodiché, esso può rarefarsi per tornare ad essere acqua, aria, e in seguito fuoco. Quindi tutto ha origine e fine nel fuoco. Il riferimento al fuoco è da intendere in senso più metaforico: in questo elemento fisico sembra infatti mostrarsi la teoria ontologica di Eraclito. Il fuoco è sempre vivo, in continuo movimento; è in ogni momento diverso dal momento precedente, ma allo stesso tempo sempre uguale a sé stesso. (Eraclito, frammento 76 da Introduzione, p. XXV, a cura di Francesco Fronterotta, BUR, 2013.). Analogamente l'*arché* è il primo ed unico principio, la nascita e la morte, l'inizio e la fine: come il fuoco, che nella giusta misura ora si accende e ora si spegne, in quanto segna il divenire, la realtà fondamentale. Si comprende in tal mondo ancora una volta quanto fin dal pensiero antico si sia data enorme importanza al principio della vita di cui ciascuna persona riceve il compito di ben conservarla e provvedere alla sua cura anche attraverso la scienza della medicina assai conosciuta e sviluppata proprio nella stessa grecità con gli studi di Ippocrate ed il culto al dio Esculapio.

La provvisorietà del tempo da vivere nella debolezza del corpo

Sì il tempo che ciascuna persona ha da vivere nel mondo è limitato a tal punto che tutti cercano, spesso anche in modo febbrile, di realizzare molti progetti per il timore di non riuscire a completarli. È la sfida che da sempre l'umanità ingaggia con la natura, dove ogni creatura ha un tempo per nascere, un tempo per crescere e svilupparsi ed un analogo tempo per decadere, consumarsi e finire. Accettare il ciclo naturale permette a ciascuno di comprendere la propria storia, il proprio destino. È il corpo che si corrompe, grava, pesa sull'anima, la parte interiore nella quale ciascuno scopre la propria identità e si apre all'incontro con il Trascendente. Un autore contemporaneo, educatore e noto scrittore Luigi Giussani si domanda: "*Non è possibile che io finisca così! Che cosa c'è oltre questa fisicità corruttibile? In fondo, che cos'è questa mia e proprio mia realtà? Che cosa c'è in essa per cui non accetterei mai che Dante e Beethoven nella loro produzione diventassero polvere e poi niente? Se si potesse fare un'analisi scientifica di tutto l'uomo, di tutte le sue cellule, a una a una, e collocarle lì in visione l' IO non si troverebbe*" (da Luigi Giussani, L'uomo ed il suo destino, ed. Marietti 1820, Genova 1999, p.75). Si cerca se stessi consapevoli della propria fragilità. La stessa Sacra

Scrittura ci porta a considerare a margine della sapienza del popolo di Israele e della cultura del tempo antico. Sono le parole del salmista: [4] *L'uomo è come un soffio, i suoi giorni come ombra che passa.* (dal salmo 144,4). E ancora in altri salmi sapienziali viene presentata la stessa lunghezza del percorso di vita: "***10*** *Gli anni della nostra vita sono settanta, ottanta per i più robusti, ma quasi tutti sono fatica, dolore; passano presto e noi ci dileguiamo"* (dal salmo 89,10). È il sano realismo di chi vuole far comprendere il tempo che passa facilmente e la vita che sfugge dalle nostre mani. A maggior ragione il tempo della malattia pone ciascuna persona di fronte alla possibile conclusione della vita, anzi al pericolo di avere vissuto senza aver realizzato i propri progetti o senza aver trovato soddisfazioni adatte a conferire valore al tempo trascorso. Spesso talvolta nel riflettere su sé stessi emerge lo stretto legame tra vivere e cercare di godersi la vita nella forma della materialità per portare a pieno compimento ogni soddisfazione dei propri desideri. Riportiamo un passaggio del libro di sapienza eterodossa del Qoèlet: "*Infatti, quale profitto viene all'uomo da tutta la sua fatica e dalle preoccupazioni del suo cuore, con cui si affanna sotto il sole? [23]Tutti i suoi giorni non sono che dolori e fastidi penosi; neppure di notte il suo cuore riposa. Anche questo è vanità! [24]Non c'è di meglio per l'uomo che mangiare e bere e godersi il frutto delle sue fatiche; mi sono accorto che anche questo viene dalle mani di Dio" (cap.3,22-24).* Certamente la soluzione dell'autore è non pensare alla provvisorietà e cercare di dare sfogo ai desideri e piaceri immediati che portano ad una apparente felicità ritrovata perché fortemente cercata. La filosofia epicurea ruota intorno a un'idea: non vi è nulla al di là della realtà e del mondo sensibile; negando in tal senso il concetto di immortalità dell'anima. Uno dei contributi più importanti di Epicuro fu la sua riflessione sulla ricerca del piacere. Egli riteneva necessario distinguere tra i desideri naturali e necessari, quali ad esempio, soddisfare la fame o la sete; e quelli naturali e non necessari, come la gola; o ancora quelli né necessari né naturali, come ad esempio, il piacere dell'onore. Egli giunse alla conclusione che è possibile ottenere la felicità in un unico modo, ovvero attraverso il piacere; tenendo conto di ciò che è realmente indispensabile, dell'autonomia e di altri fattori interni. Oltre a coltivare l'amicizia. Per riuscirci, è necessario tralasciare le paure irrazionali, e ancorarsi alla realtà attraverso l'esperienza. Infine, **Epicuro evidenziava il valore dell'amicizia**. Per lui, la generosità era una delle virtù più importanti. La sua filosofia era una difesa del piacere di essere vivi e dell'autonomia. Come a dire che non bisogna vivere pensando alla morte ma cercare ogni possibile soluzione che renda la vita soddisfacente, in grado di suscitare piacere anche perché non c'è per lui un ulteriore possibilità oltre la scomparsa del proprio corpo. Ed allora quando giunge la vecchiaia con l'immancabile decadenza del proprio corpo, così come la malattia, lo stato di infermità che impedisce o limita i movimenti ed il raggiungimento del piacere, a che serve la vita?

Torniamo da qui alla prima storia di Filippo, anziano e gravemente malato che non vuole guarire, perché? Semplicemente per il fatto che non sarebbe più attivo e volitivo come prima. Il giudizio sulla vita viene dato dalle possibilità fisiche e psicologiche che il corpo permette. È il solo criterio? Non c'è altra possibilità? La domanda non può essere di facile risposta. Certamente quanto diceva Filippo risponde alle riflessioni che abbiamo riportato, dimentica però un particolare che la vita, ossia il nostro io, la persona che siamo, non è solo un corpo fisico. Non disponiamo di quanto rende questo corpo vitale e non solo perché si muove, ma per il semplice fatto che pensa, avverte, sceglie, in altre parole scopre una propria identità. Questa opportunità, ossia questa vita è dono, è offerta, è una variabile non dipendente da noi, ma viene da altro. E questo altro non abbiamo altra maniera da identificarlo con il trascendente, l'assoluto, il principio di ogni cosa. Certamente se Filippo e come lui molti pensano alla vita solo nella dimensione di un corpo da abitare e godere in tutte le sue possibilità, quando questo corpo viene a ridursi per cause naturali la vita stessa perde di valore e ci si domanda il motivo per voler continuare a condurla. Tanto vale interromperla e magari organizzarsi in modo tale che il tutto avvenga in modo non traumatico, diremmo programmato. Ovviamente il corpo porta con sé il carico di sofferenza dovuto al decadimento ed alle malattie, ma la vita che lo anima, tornando a dire il proprio io unico ed irripetibile che noi siamo, non può essere identificato e connesso solo nella dimensione corporea, certamente essenziale per poter essere nel mondo, ma diremmo non unica. La vita va ben oltre, apre altre dimensioni non immediatamente percepibili, ma capaci di conferire allo stesso corpo fisico o se vogliamo "macchina" la possibilità di muoversi, ed una volta concluso il tempo della vicenda nel mondo questa vitalità oltre il corpo non può spegnersi. Tanto è vero che già nell'antichità classica che abbiamo segnalato esisteva la teoria della metespicosi. Secondo questa dottrina il corpo è una prigione all'interno della quale l'anima è stata rinchiusa per punizione dalle divinità. Finché l'anima è nel corpo, ne ha bisogno quale mezzo per sentire; ma è quando ne esce che vive in mondo superiore. Anche nei culti orfici dell'antica Grecia era presente il concetto di trasmigrazione delle anime. La novità del pensiero filosofico di Pitagora (V° secolo a.C.) è rappresentata dal considerare la conoscenza uno strumento di purificazione; l'ignoranza è ritenuta un male da cui ci si libera attraverso il sapere.

L'anima umana è precipitata sulla terra a causa di una colpa originaria per via della quale è costretta a trasmigrare da un corpo all'altro; non solo corpi umani, ma anche animali e piante. Questo rende comprensibile il fatto che tra i precetti morali riconducibili a Pitagora troviamo: *Non rovinare né danneggiare una pianta domestica, ma nemmeno un animale che non fa del male agli esseri umani* ("Vite e dottrine dei più celebri filosofi", VIII, 23). Per liberarsi da questa catena occorre ritornare allo stadio di purezza originaria dedicandosi alla contemplazione disinteressata della verità, praticando dei rituali esoterici di iniziazione e purificazione (catarsi). Perché raccogliamo queste indicazioni così lontane nel tempo? Semplicemente per comprendere ancora una volta la necessità di superare il biologismo, quale corpo formato solo con elementi della natura che ad essa ritornano e poter elevare la mente fino a comprendere la necessità di saper preservare, custodire, curare, amministrare il corpo medesimo in quanto, anche se in ridotte condizioni, è comunque portatore dell'io che ciascuno è e può essere capace per ridare significato e valore alla vita stessa. Ci si apre così all'anelito verso il trascendente, la ricerca del divino in ciascuno di noi.

L'anelito verso il trascendente quale ricerca del divino

Certamente la sola riduzione al corpo per la persona, per il suo io unico ed irripetibile è difficile da accettare. Troviamo in ogni cultura l'anelito, il desiderio, la ricerca del divino presente in ciascuno. Anzi nel tempo che trascorre ci si rivolge a Dio, alla divinità con vari nomi certamente, ma nella certezza che un'Entità superiore non solo esiste, ma si prende cura della persona, si può entrare in comunicazione. Questo rende ancor più solida la concezione della vita come dono ed offerta e la definizione della persona nella sua capacità relazionale. Che "*cosa è mai l'uomo perché di lui ti ricordi, il figlio dell'uomo, perché te ne curi?* [6] *Davvero l'hai fatto poco meno di un dio, di gloria e di onore lo hai coronato.* [7] *Gli hai dato potere sulle opere delle tue mani, tutto hai posto sotto i suoi piedi*" (dal salmo 8,5ss). Emerge nel mondo biblico della teologia israelitica la concezione dell'uomo come colui che si pone in rapporto con Dio, ne diviene collaboratore e per questo motivo può instaurare relazioni con tutti gli esseri terrestri dagli animali al mondo vegetale. Non si tratta solo di presentarne la sua provvisorietà e debolezza come essere che va verso la conclusione dei suoi giorni, quanto invece di aprirsi alla relazione con Colui che è la fonte della vita e guida il nostro cammino. Pensare la persona nella sua finitezza è abbastanza facile, diremmo intuibile, ma offre lo spunto per andare oltre, per immergersi in una dimensione oltre il tempo e lo spazio. Dal finito al necessario percorso per uscire da sé stessi ed immergersi in un altro io non più limitato. Che dire? Prendiamo spunto anche da una riflessione filosofica facente capo a Cartesio, filosofo che dà inizio all'epoca moderna nella quale è l'uomo a cercare, ad aprirsi al mondo nella sua estensione perché dentro di sé possiede idee innate. D'altra parte, il suo grande interesse per gli studi medici, lo portò ad affermare che l'uomo è, comunque, un tutt'uno con il suo corpo di cui non può fare a meno. Rimane abbastanza complicata la soluzione della questione dell'interazione dell'anima con il corpo, anche se Cartesio cerca di rimediare, individuando nella "ghiandola pineale" (una piccola parte del cervello) il punto di contatto fra le due dimensioni. Ma lui stesso, con grande onestà intellettuale, afferma che si tratta di una ricostruzione alquanto dubbiosa, in quanto non si spiegherebbe come fa l'anima, assolutamente incorporea, ad agire su un'entità materiale come il corpo. Così la dimensione del trascendente per il filosofo, la consapevolezza della finitezza esistenziale dell'uomo e della sua relativa imperfezione determinerebbe, l'idea di Dio infinito ed assolutamente perfetto. Cartesio afferma che la prova dell'esistenza di Dio è chiara e distinta, poiché non vi sarebbe nulla di più evidente, per la nostra mente, di concepire un essere sovrano e perfetto in cui è implicita l'idea di eternità. Ciò sta ad indicare come nella persona esiste un profondo ma reale richiamo all'infinito in quanto scoprirsi creatura finita è con tutti i limiti propri della natura, porta con sé immediatamente il richiamo alla fonte del tutto che non può e non deve essere né dimenticata né tanto meno esclusa. Certamente la vita stessa si comprende quale apertura all'Infinito che agisce nell'uomo stesso e ne dà forma e consistenza. Non dimentichiamo al riguardo sant'Agostino che in una mirabile sintesi esclama: *"Fecisti nos ad te et inquietum est cor nostrum donec requiescat in te"(traduzione :Ci hai fatti per te, o Signore, e il nostro cuore è inquieto finché non riposa in te) (da* **Francesco Pio Petrachi in Cristiani Today** In cammino con i Santi 2019). Il Cuore di Dio è nostro rifugio, nostra salvezza, oserei dire il posto in cui ci si trova a "casa". Quel luogo dove non veniamo giudicati, ma solo amati e lì troviamo la pace dell'anima, insomma la nostra roccaforte tra le onde di questo mondo spesso agitate dalla mentalità lontana da Dio. Nel Signore siamo al sicuro perché troviamo in Lui, tutto quello che ci manca: è Lui che ci ha creati. Alle volte stare nel mondo senza essere del mondo ci risulta veramente difficile e ci ritroviamo a non spiegarci il perché di tutto ciò. Noi siamo fatti per Dio e come una cerva che va cercando i corsi d'acqua, aneliamo sempre al cielo. Il cielo è il luogo da dove veniamo e dove ritorneremo. Ma come vivere "il cielo" qui sulla terra tra le tante difficoltà della vita? La relazione con Dio si esprime nella vita spirituale aperta a cercare una soluzione a tutto ciò. Certamente è un cammino, potremmo dire la ricerca del vero, come un deposito immesso nell'animo umano con la volontà di aprirsi ad un rapporto in cui siamo elevati verso la pienezza della verità e della vita, anzi se ne comprende ancor più il suo valore unico ed indivisibile. La divinità lungi dal "castigare", vuole essere vicina a ciascuno come suo sostegno durante le varie vicende che l'esistenza può riservare e tra esse la malattia, l'abbandono, la solitudine come era accaduto alla signora Rosa, sostanzialmente messa da parte dal marito, anzi considerata solo strumentale al suo bisogno di dominio "paterno". Non si tratta della divinità "rifugio dei deboli", quanto della scoperta di una presenza in grado di restituire dignità alla persona e rinnovata capacità di affrontare l'esistenza rafforzando la motivazione per lottare al fine di affermare sé stessi, il proprio io nonostante le opposizioni e le resistenze di altri. Certamente il compito di fronte al quale si trovava Rosa: portare avanti una gravidanza sapendo di essere sola e con un marito sfruttatore non è semplice. Dentro di noi però si ritrova una risorsa che spesso ci si dimentica di possedere: la presenza di Dio, quel divino che già nella cultura greca, sia mitologica che filosofica viene indicato quale "scintilla" dell'eterno, idea depositata nell'animo umano proveniente dall'Iperuranio (nel gerco platoniano è il mondo delle idee o luogo sopra il cielo). Ci si ritrova con un'energia propria dello spirito in grado di trasformare la persona per donarle la capacità di essere tenace lottatrice nelle proprie convinzioni, incurante perfino di quello che altri possono dire o fare. In tal modo si viene ad affermare la potenza che c'è in noi, in grado di superare la nostra debolezza per renderci forti e decisi nel perseguire obbiettivi di alto valore etico. Non sono poche le persone, donne in specie, che hanno preferito donare la propria vita affinché potesse nascere il bambino che portavano in grembo.

L'offerta di sé stessi

Vogliamo riportare nell'anelito al Trascendente quale meta per la propria vita la testimonianza di Gianna Beretta Molla, lei medico che ben conosceva i rischi per la propria salute durante la quarta gravidanza viene *accompagnata dalla notizia della malattia. La presenza di* **un fibroma [tumore benigno] all'utero** *costituisce un pericolo per la vita della madre. Solo l'aborto, in base alle conoscenze e competenze mediche dell'epoca, siamo agli inizi degli anni sessanta, potrebbe rappresentare salvaguardia per la sua vita.* **Gianna decide di portare avanti la gravidanza**, *si fa asportare il fibroma, cosciente del grave rischio che la sutura praticata nell'utero possa cedere.* Gianna non ha esitazioni nel scegliere per la vita della sua bambina, tanto che prima dell'intervento supplica il chirurgo che doveva operarla di salvare, in caso di complicazioni, la creatura che portava in grembo. L'operazione va bene, ma la preoccupazione rimane alta per i restanti sette mesi di gravidanza. Tanto che il marito Piero ricorda queste parole rivoltegli dalla moglie pochi giorni prima del parto: "*Mi disse esplicitamente, con tono fermo e al tempo stesso sereno, con uno sguardo profondo che non dimenticherò mai: 'Se dovete decidere fra me e il bimbo, nessuna esitazione: scegliete – e lo esigo – il bimbo. Salvate lui* "(da Rivista Pro Vita & Famiglia del 28.04.2016). Offrire la vita affinché un'altra vita possa nascere e prendere forma diviene una scelta consapevole dettata sicuramente dalla fiducia in Dio provvidente e misericordioso, capace di aumentare il coraggio di donarsi fino in fondo e la volontà di affrontare anche una prova delicata con animo sereno. È quello che diciamo, l'elevazione della persona verso la pienezza dell'Essere rivelatosi nel cristianesimo attraverso l'incarnazione. Dio si è fatto uomo, maestro e guida per ogni credente. Il modello da seguire ed imitare soprattutto perché ha donato sé stesso non solo per una vita singola, come nella vicenda di Gianna Beretta, ma per l'intera vita del mondo, per tutta l'umanità. Siamo al centro di un evento di fede in cui si fonde la vita quale dono posto a servizio della volontà di amare ogni persona in quanto creata da Dio e guidata verso la meta finale: l'incontro definitivo con la Divinità medesima. Quindi non si tratta di affermare il solo principio dell'indisponibilità della vita in quanto dono divino e quindi sacro, quanto della capacità di assumerne la piena responsabilità. Il rapporto con Dio lungi dal divenire sola obbedienza con leggi a stretta osservanza di riti, diviene relazione, apertura verso di Lui; ogni uomo e donna sono figli dell'Altissimo. Una figliolanza frutto prima di tutto del legame di amore che esiste tra Dio stesso e l'uomo sì creatura, ma in realtà *"immagine e somiglianza con Dio stesso*" (Gn. 1,22). Non solo una creatura dotata di ragione, viene stabilito un sicuro e forte legame con Dio, il quale dà a ciascuno una vita oltre la vita terrena. Ancor più si rafforza il principio che abbiamo riscoperto: siamo amministratori della vita, è un dono di cui non possiamo disporre ma che ritroviamo quale legame che permette di sentirci in relazione con il divino. Facciamo attenzione! Il Vangelo ci rivela non solo che Dio ci ama (questo era chiaro anche ai profeti di Israele), ma che Dio, in sé stesso, "è" amore, la natura di Dio è amore, ed ogni amore può dirsi tale nella misura in cui rispecchia questo amore assoluto e fondante. L'amore è una realtà che presuppone delle persone che si amano. Dio è unico, è una sola sostanza, un solo amore. Vivere per, significa scoprirsi amati da Dio e relazionarsi a Lui ed agli altri e tutto ciò comporta la volontà di amare. In particolare nel cristianesimo le persone che vivono questo amore sono tre: il Padre, fonte dell'amore, dall'eternità effonde la sua pienezza generando il Figlio, identico al Padre, e gli comunica tutto di sé; il Figlio ama il Padre con lo stesso amore con cui è amato, e questo amore che procede, ossia deriva dal Padre e dal Figlio come da un unico principio è la persona dello Spirito Santo, della stessa natura del Padre e del Figlio. Dio quindi è uno quanto alla natura, trino quanto alle persone.

In molte religioni Dio viene invocato come "Padre". Nella religione ebraica – e quindi nell'Antico Testamento – Dio è chiamato Padre in quanto Creatore del mondo; ancora di più Dio è Padre in forza dell'Alleanza, per cui il popolo di Israele diventa, per così dire, suo figlio, quindi fin dall'antichità. Sono queste le immagini della paternità. Quando viene Gesù, ci rivela che Dio è "Padre" in un senso nuovo e inaudito: egli è "il Verbo" che "era Dio" (Gv 1,1); Gesù come "l'immagine del Dio invisibile" (Col 1,15), come l'"irradiazione della sua gloria e impronta della sua sostanza" (Eb 1,3). Attraverso il Figlio, incarnazione della divinità, viene rivelata la presenza dello Spirito Santo come un'altra Persona divina in rapporto a Gesù e al Padre. Il primo teologo dell'epoca cristiana: Paolo di Tarso dice che "*l'amore di Dio è stato riversato nei nostri cuori per mezzo dello Spirito Santo che ci è stato dato*" (Rm 5,5). A maggior ragione disprezzare il dono della vita, ridurla semplicemente alla sua caratteristica di sanità fisica e psichica, nonché impostarla sulla sola volontà di procurarsi ogni possibile piacere, va in netta contraddizione con questo progetto divino sulla persona per condurla verso la propria piena realizzazione umana. Deturpare la vita, mancare di attenzione nei confronti dei più deboli come nel caso della stessa signora malata gravemente è in ogni caso una mancanza di rispetto alla natura umana, creata per rendere gloria a Dio, e per essere in ogni situazione seguita con cura. Certamente oggi è possibile aprire un dibattito sulla liceità di cure che spesso vanno ben oltre la normale terapia atta a guarire da una grave malattia o da uno stato permanente di invalidità. Si possono considerare forme di accanimento sulla persona quando non vi sono fondate speranze non solo di una guarigione, ma anche di rendere meno pesante il quadro clinico e psicologico di pazienti avviati verso la conclusione della vita. Non dimentichiamo che corpo significa non solo un insieme di organi da salvaguardare e a volte da accompagnare verso la fase terminale della loro funzione biologica. Vita è soprattutto considerare la realtà dello spirito, la parte divina deposta in noi, questa "porzione di cielo" che ci compone. Parole che danno spessore all'interezza della persona. Ritroviamo proprio negli insegnamenti del cristianesimo ed in particolare nelle S. Scritture la potenza di Dio che ha aperto verso un'umanità rinnovata proprio dall'amore vero, autentico, capace di valorizzare ogni dimensione dell'umano perché vi immette l'energia dello spirito. La sua Parola, il logos della vita è per l'eternità. Non si tratta solo di raggiungere, attraverso l'elevazione propria del filosofo, il mondo contemplato in senso platonico, quanto invece di instaurare un rapporto, una relazione con la divinità, la quale attraverso l'umanità di Gesù, diviene fonte e meta per ogni persona in cammino verso l'incontro definitivo e completo con Dio stesso.

La realtà del peccato e della sofferenza fisica e psichica

Questo termine "peccato", comprende la vera storia della morte ricordata nella Genesi, il primo libro della Bibbia. All'inizio Dio creò un mondo perfetto, definito come 'molto buono' (Genesi 1, 31). Non esistevano né violenza né dolore, in questo mondo 'molto buono.' Però questo mondo buono, privo del peccato, fu rovinato a causa della ribellione del primo uomo, Adamo. Il suo peccato ha fatto entrare un intruso nel mondo, cioè la morte. Con la quale Dio giudicò il peccato, proprio perché aveva già ammonito Adamo prima di commetterlo. (Genesi 2, 17; cfr 3, 19). Dio, da allora in poi, come risultato del Suo giudizio sul mondo, ci ha dato un assaggio della vita priva di sé stesso, quindi oggi assistiamo ad un mondo che si esaurisce, nel quale non mancano né la sofferenza né la morte. Non si tratta immediatamente di concludere il ciclo della vita, del resto in natura sembra del tutto normale. Il dramma è accettare la propria morte, terminare i propri giorni terreni per mettersi completamente nelle mani di Dio. Quando si perde, o si ignora il rapporto con Lui, la relazione d'amore e di fiducia che dovrebbe accompagnare il cammino di ciascuno di noi; emerge la paura, si è angosciati al pensiero della morte. Come si narra nell'Epistola ai Romani del già citato teologo Paolo di Tarso: 8, 22, '*Infatti noi sappiamo che fino ad ora tutto il mondo creato geme insieme ed è in travaglio,' perché Dio stesso ha sottoposto tutta la creazione al processo di decadimento* (v. 20).

Posso dedicare la mia vita al lavoro, allo studio, ma tra le varie possibilità ve n'è una a cui non posso sfuggire: la morte. Essa è la realtà certa di fronte alla quale tutte le altre possibilità diventano impossibili. La voce della coscienza ci richiama al senso della morte, e svela la nullità di ogni progetto. L'esistenza autentica, pertanto, è un essere-per-la-morte come scrive il filosofo Martin Heidegger. E soltanto comprendendo ciò, l'uomo ritrova il suo essere autentico.

Esistere autenticamente implica avere il coraggio di guardare in faccia alla possibilità del proprio non essere, avvertire l'angoscia dell'essere-per-la-morte. L'esistenza autentica significa l'accettazione della propria finitezza. Dato che l'esistenza è possibilità e progettazione, tra le determinazioni del tempo, fondamentale è il futuro, il progettarsi in avanti. Nell'esistenza autentica, tuttavia, il futuro è un vivere per la morte che non permette all'uomo di venir travolto dalle possibilità mondane. Il credente, la persona che crede comprende sì la morte come la conclusione della vita, ma ha dentro di sé ha una convinzione: essere con il Dio della vita per sempre non semplicemente morire, ossia terminare il ciclo della vita. Qui entra la realtà del peccato, del comportamento che pone l'uomo in una situazione di abbandono da Dio, non dimentichiamo che nel racconto genesiaco sono proprio Adamo ed Eva a restare nascosti quando avvertono che Dio sta accanto a loro, lo temono, non hanno né il coraggio, né la fiducia in Lui, perché? Se ne sono allontanati, hanno peccato, hanno sfidato Dio credendo di poter fare a meno della sua guida nel percorso della vita. Si tratta di quell'atteggiamento che possiamo definire di superbia, di autosufficienza nella quale tutto viene valutato a partire dalle proprie posizioni. Non c'è più un riferimento etico fuori di sé, la vita stessa sembra un possesso anziché un dono da amministrare. Da qui il senso di onnipotenza umana, l'io eretto ad assoluto. Il peccato inizia quando non si avverte più la necessità di un punto di riferimento oltre sé stessi. Ne può conseguire allora l'arbitrarietà con la quale si sceglie anche di sopprimere la vita quando non vi sono più le opportunità proprie della salute fisica, così come non rispettare l'esistenza altrui dal prima di sorgere e venire alla luce fino alla sua conclusione. Entra il meccanismo dell'opportunismo utilitarista, l'essere legati a ciò che sul momento più conviene senza la salvaguardia della propria umanità. È quello che potremmo chiamare la disumanizzazione, la mancanza di uno stile capace di portare la persona a realizzarsi secondo Dio, secondo un progetto dove ciascuno viene interpellato dall'alto per condurre un cammino all'insegna dell'amore richiamato dal fatto di essere creature e figli della fonte inesauribile della vita: Dio scoperto quale Padre. In altre parole ci si chiude alla sorgente per divenire autonomi in tutto. Da qui inizia il tempo della sofferenza che accompagna e spesso precede la conclusione della vita. Questo è quanto già scriveva Giacomo l'Apostolo prima guida della nascente comunità cristiana di Gerusalemme: "[14]*Ciascuno piuttosto è tentato dalle proprie passioni, che lo attraggono e lo seducono;* [15]*poi le passioni concepiscono e generano il peccato, e il peccato, una volta commesso, produce la morte.*" (Gc.1,14-15). Tra queste passioni disordinate: la brama del potere unita alla lotta per affermare sé stessi a scapito di altri. In altre parole quella lotta tra le stesse classi sociali che divengono protagoniste di un'affermazione del ricco che possiede enormi beni materiali a discapito del povero invece posto in ristrettezze. Diventa la morte, la conclusione della vita a riequilibrare quanto nel tempo della vita terrena non è stato secondo giustizia. Da questa constatazione la sofferenza, la durezza della vita segnata da relazioni tra le persone senza rispetto né dialogo costruttivo perché tendenti a sopravanzare, a voler entrare in competizione gli uni con gli altri. Non c'è quindi da stupirsi se la vita, o meglio le condizioni di vita precarie a causa di malattia o gravi disabilità fanno pensare alla possibilità di sopprimerla dando un apparente diritto ad un'altra persona di disporre di un bene non di proprietà. È questo l'effetto del peccato: la mancanza di un punto di riferimento etico in grado di conferire alla vita stessa ed alla sua qualità il riconoscimento di un valore assoluto, del tutto superiore alle proprie scelte utilitariste.

Come possiamo trovare un Dio d'amore tra il travaglio e la sofferenza di questo mondo? La caduta dell'uomo, sappiamo che viviamo in un mondo peccaminoso. Dalla prospettiva storica biblica, la morte è un nemico, non un alleato. Nella prima lettera ai Corinzi 15, 26, l'apostolo Paolo descrive la morte come 'l'ultimo nemico.' La morte non faceva parte della creazione originale di Dio, che veramente fu 'molto buono.' Morte e sofferenza quindi sono la pena al peccato. Quando Adamo si ribellò a Dio, in effetti dichiarava che voleva vivere la sua vita senza Dio. Voleva decidere sulla verità autonomamente e indipendentemente da Dio. Allora, la Bibbia ci dice che Adamo fu il capo della razza umana, e che egli fu il rappresentante di ognuno di noi, poiché noi siamo i suoi discendenti. È ancora Paolo a ricordare scrivendo ai Romani 5, 12-19 che "*noi pecchiamo in Adamo*,' cioè nello stesso modo con il quale egli peccò. In altre parole, noi abbiamo lo stesso problema che ebbe Adamo. Quando egli si ribellò contro Dio, tutti gli esseri umani, rappresentati da Adamo, dicevano effettivamente che volevano vivere la propria vita senza Dio. Di conseguenza Dio dovette giudicare e punire il peccato di Adamo con la morte o meglio come già abbiamo ricordato con la paura della morte perché ciascuno si trova solo di fronte ad essa e la teme, la vorrebbe dimenticare o meglio evitare. Dopo la caduta di Adamo, egli e tutti i suoi discendenti persero il diritto alla vita. Alla fin fine, Dio è il Creatore della vita. La Bibbia chiarisce il fatto che la morte è la diretta conseguenza per il peccato, e non solo per quello di Adamo. Se accettiamo il racconto storico della Bibbia, allora i nostri stessi peccati, e non solo sempre i peccati degli altri, sono la causa della morte e della sofferenza nel mondo! In altre parole, in realtà è colpa nostra se il mondo è così com'è. Nessuno è veramente innocente. Pensiamo in linea diretta con la storia alle migliaia di guerre, violenze, ribellioni, soprusi dai quali è percorsa la lunga vicenda dell'umanità. Leggendone le vicende sembra che vi sia una tregua di fronte a continue guerre scatenate per lo più al fine di affermare il potere su varie porzioni di terre che diventano motivo di contesa senza fine.

Nemmeno oggi con i tanti organismi internazionali e con la cultura del diritto dove leggi e disposizioni cercano di frenare le peggiori passioni di uomini dominatori su altri. Parlare di bio etica nel rispetto della vita, costituisce un argomento delicato e contrastato. Può addirittura diventare un'aperta "ferita" verso un'umanità che purtroppo fatica assai a rendersi conto del valore della vita da preservare e conservare in ogni sua espressione ed in ogni luogo della terra. Finché ci si misura con la forza delle armi e della prepotenza propria di chi vuole possedere tutto senza scrupoli etici siamo esposti ad un elevato rischio, non solo di perdere la vita, ma di posizionarla quale merce di "scambio" di fronte a ideologie e movimenti di pensiero del tutto incuranti dei valori etici. È la morale del "fai da te" che sembra prevalere senza alcuna apertura al Trascendente dal quale deriviamo e siamo avviati per raggiungerlo. Non andiamo lontano, non è solo nella riflessione cristiana, anche filosofi certamente di impostazione laica, come il britannico Hobbes fin già dal XVII° secolo interpretando la storia dichiarava "*L'uomo è lupo per l'altro uomo*" (da rivista l'Intrepido di Sara Candussio del 21.12.2017). La frase di Thomas Hobbes racchiude interamente il suo pensiero riguardo la società. Per Hobbes infatti gli uomini sono egoisti e portati al male, e il punto di partenza della nostra società è lo *stato di natura*, condizione nella quale tutti possediamo un diritto naturale che ci consente di prevalere sugli altri in base alla nostra forza. In questa situazione, un esperimento mentale del filosofo, l'uomo è spinto ad *esistere di più*, e non può farlo se è limitato dalla necessità di sopravvivere ad altri simili a lui, "cannibali" e pieni di brama. Riguardo allo stato di natura significa uno stato in cui non esiste alcuna legge, ciascun individuo, mosso dal suo più intimo istinto, cercherebbe quindi di danneggiare gli altri e di eliminare chiunque sia di ostacolo al soddisfacimento dei propri desideri. In altri termini per la propria affermazione ognuno vedrebbe nel prossimo un nemico. Da ciò deriva che un tale stato si trovi in una perenne conflittualità interna, in un continuo bellum omnium contra omnes (letteralmente "guerra di tutti contro tutti"), nel quale non esiste il torto o la ragione che solo la legge può distinguere, ma unicamente il diritto di ciascuno su ogni cosa, anche sulla vita altrui. Perché queste affermazioni? Per ricordare che la prima etica, il rispetto della vita, la sua indisponibilità di un dono non direttamente nostro, ma affidato dal Creatore e Padre fa diventare le persone protagoniste del proprio destino. Si possono operare scelte a servizio della vita propria e altrui piuttosto che sviluppare delle terribili crudeltà, la recente storia del XX° secolo lo prova. In tal senso i grandi pensatori del Novecento (ebrei, cristiani e laici) hanno messo in luce questo aspetto, evidenziandolo proprio nel momento critico della storia mondiale con l'avvento della grande guerra, delle ideologie comunista e nazi-fascista, che hanno appiattito i rapporti umani sulle dimensioni del partito e dello stato, lasciando in ombra o addirittura annientando la singolarità, la dignità, l'originalità e l'irripetibilità della persona umana. Così l'essere umano, da sempre *enigma* per il pensiero e *mistero* per la religione, cadeva in oblio, dissacrato e sbriciolato dal martello dei totalitarismi. Il disprezzo della vita spinto fino da voler sopprimere gli altri perché avversari che possono impedire il dominio o in ogni caso rendere più complessa la situazione, porta a non comprendere la vera questione di fondo: la nostra provvisorietà. Agire per colpire la vita stessa non è altro che voler dimenticare, o almeno non considerare la propria fragilità. Non si dimentichi il proverbio derivato dal latino, nello specifico dall'opera di Agostino, "sermones": *"Qui gladio percutit, gladio morietur"* (Chi colpisce con la spada, morirà di spada). Perché chi è pronto ad offendere o ferire qualcuno deve essere altrettanto preparato a ricevere lo stesso trattamento. Il proverbio, facendo fede alla sua matrice evangelica, è un chiaro invito a riporre le spade nei foderi. Non si tratta solo di un'opera di pace (e ce n'è sempre bisogno!), quanto di saper mettersi a servizio di un progetto capace di dare dignità alla persona. Saper vincere il male della tendenza a voler sopprimere l'altro per un'etica di promozione, rispetto e cura della vita fin dal suo sorgere. È il compito della fede senza dubbio. Potremmo però aggiungere che è la riscoperta della propria umanità a confronto con gli altri nel percorso della storia in cui ci si impegna a promuovere la cultura del dialogo e della fratellanza universale. *Nella nostra epoca si sta prendendo sempre più coscienza che l'essere umano è un vivente razionale e relazionale. Un'antropologia della relazione e dell'incontro si rende così necessaria, per ripensare l'individuo come persona e i rapporti umani alla luce dell'esodo dell'io verso il tu, in dialogica reciprocità.*

L'espansione della persona coincide allora con la coerenza, con la sua natura relazionale, che si esprime come apertura e socievolezza, ma anche come dono e gratuità: *mi dono, dunque sono!* Risulta più che mai necessaria una maturità etica e antropologica, ma anche un'attenzione, un confronto, una capacità di ascolto di tutte le realtà che parlano all'essere umano. Occorre rimettere al centro la persona e le sue relazioni. Si configura come una trilogia che vede nell'*altro*, nel *dialogo* e nella *persona* le parole chiave di un'antropologia della relazione e dell'incontro. Siamo lontani dalla deriva strumentale con la quale si vuole ridurre la persona a semplice oggetto, vuoi per il limitato piacere derivante dal corpo e vuoi per esercitare il potere di ciascuno contro un altro in una lotta continua e senza confini per la propria ambizione ed affermazione.

Il bisogno di sicurezza e la ricerca di felicità

Certamente la ricerca della sicurezza di sé stessi nella prospettiva della felicità diviene finalità e spinta ad agire per essere davvero realizzati. Felice è colui che sa dare alla vita un forte significato etico, che sa vedere con la prospettiva di un'apertura verso l'infinito a cui siamo diretti e dal quale deriviamo. La chiusura sulla sola dimensione del corpo limita l'umano alla materialità conferendo alla felicità un'espressione tipica del soddisfacimento dei bisogni propri del corpo. Non potremmo pensare che ci si senta felici, appagati, realizzati solo quando la salute perfetta dà la possibilità del pieno godimento di tutti i sensi in una forma che va verso l'edonismo totale. Ancor più si comprende la posizione del nostro Filippo che costatando la precarietà del proprio corpo colpito dalla malattia e dal decadimento fisico intende lasciarsi andare alla fine senza nemmeno più ricevere le necessarie cure mediche. Come a dire perché prolungare una sofferenza così acuta? Meglio finire che continuare una qualità della vita priva delle possibilità tipiche di un corpo in piena efficienza!

Entra qui il concetto di felicità che parte dal sapersi prendere cura del proprio io. Abbracciate uno stile di vita sano che rispetti la natura del corpo stesso e ne comprenda il suo sviluppo, il suo massimo rendimento e l'inevitabile decadimento fisico e psicologico. Imparare a vivere il presente. Sapersi concentrare su chi volete essere e ciò che desiderate fare oggi e non lasciate che la preoccupazione e la paura di ciò che potrebbe accadere domani vi impediscano di agire. Abbassate le difese e accogliete gli imprevisti come un momento di arricchimento. Si tratta di saper superare gli schemi che impediscono di conoscere nuove persone e di fare nuove esperienze, ascoltate le vostre sensazioni senza ritenere che siano uniche ed insuperabili. Occorre accettare la realtà per quello che è, il fine non è sopprimersi quanto dare valore per crescere e migliorare.

Ci può venire in aiuto la riflessione personalista elaborata da alcuni autori della filosofia del primo novecento nella quale viene posta al centro la realtà della persona, nella sua pienezza e dimensione interiore. Tra costoro vi è Mounier, la sua filosofia si costituisce a partire da una reazione di tutto il suo essere, indignato dalla degradazione degli uomini nel possesso delle cose e nella banalità quotidiana; lui vi oppone l'amore, la creazione e il rischio. All'origine del pensiero di Mounier troviamo insieme la convinzione cristiana che la persona e la comunità sono possibili, purché l'uomo lotti fin d'ora per la propria liberazione, e la rivolta contro le condizioni globali di un'esistenza alienata, "*la desolazione dell'uomo senza dimensione interiore, incapace di incontri*" (v. Mounier, 1935, in *Oeuvres,*

1961, I; tr. it., p. 95). In un primo momento questo personalismo spontaneo si definisce in contrapposizione a un nemico: il 'borghese'. Per borghese Mounier non intende solo il membro della classe dominante, ma il simbolo dell'avarizia e della mediocrità spirituale, "*l'uomo che ha perso il senso dell'Essere e che si muove solo fra cose, e cose utilizzabili, private del loro mistero*" (v. Mounier, 1936, in *Oeuvres,* 1961, I; tr. it., p. 21). Il borghese è l'uomo dell''avere', al quale si oppone l'uomo che possiede il senso del mistero poiché ha conservato le virtù dell'infanzia: la gioia, la gratuità, la poesia, il contatto immediato con la natura e con gli altri. Purificare i valori, rimetterli nella loro vera gerarchia e articolare tra loro la vita personale e la costruzione sociale, questo non è un progetto astratto: nasce dalla coscienza e dall'analisi di una situazione. A partire dal 1930, il crollo di Wall Street, la grande crisi economica, cui fa riscontro una crisi sociale e politica che fa avanzare le dittature in diversi Paesi, anche europei. Da qui la fragilità dell'illusione di un facile benessere sociale e personale con la consumazione di beni materiali a portata di mano per tutti. Invece si diffonde in Europa la depressione economica ma, dietro la miseria e i totalitarismi che essa favorisce, Mounier e i vari altri pensatori di questa corrente personalista hanno la percezione di una malattia mortale che conduce l'Occidente alla catastrofe. Per essi la crisi, economica e politica, è il sintomo di una crisi di civiltà. Questa crisi esige una risposta radicale. Il senso della vita ridotta ad una specie di mercificazione posta di fronte allo spettro della successiva catastrofe bellica è ancor più indice del crollo morale della cultura della vita e del rispetto per l'uomo nella sua integralità. Certo il corpo non può essere strumentale né al sistema economico, né a quello politico e tanto meno all'utilizzo militare nei campi di battaglia. Da qui la crisi stessa del rispetto per la vita umana anche nelle sue forme più invalidanti. Non sono da trascurare nella mentalità di alcuni Stati di quel tempo, leggi che vanno verso la selezione della razza con l'esclusione di persone affette da patologie invalidanti dalla nascita piuttosto che da disturbi psichiatrici, impedenti il pieno inserimento sociale e lavorativo. Èvero quando si perde la centralità della persona, il suo pieno e totale rispetto, tutto diventa possibile e con esso la dottrina della superiorità razziale piuttosto che della libertà assoluta senza alcun riferimento etico al trascendente conduce facilmente verso una disumanizzante deriva. La riflessione personalista mira alla ridefinizione della persona nella sua pienezza affinché le stesse leggi statali piuttosto che il pensiero possano promuovere il bene dell'uomo nella sua integralità. Riprendendo il pensiero di Mounier raccolto dalla cultura cristiana ed in particolare dalla riflessione sulla fede da parecchi teologi con la prospettiva di una nuova ridefinizione dell'antropologia in un percorso durato decenni fino ad esercitare un notevole influsso nelle varie dichiarazioni conciliari. Qui vogliamo rimettere al centro la definizione di persona. Non si tratta di un corpo e nemmeno di una parte che potremmo chiamare spirituale. L'unità si compie, come scrive lo stesso filosofo: «La *mia persona non coincide con la mia personalità. Essa è al di là del tempo, è un'unità data, non costruita, più vasta delle visioni che io ne ho, più intima delle ricostruzioni da me tentate. Essa è una presenza in me»* (da agenzia Com.unica di Giuseppe Galli 14 luglio 2019). Dopo aver dimostrato che la persona è inoggettivabile, egli specifica che ogni uomo vive in una tensione fra le sue tre dimensioni spirituali: quella che sale dal basso e l'incarna in un corpo; quella che è diretta verso l'alto e la solleva ad un universale; quella che è diretta verso il largo e la porta verso una comunione. Vocazione, incarnazione, comunione sono le tre dimensioni della persona. Da questa rigorosa definizione per così dire "teorica" del concetto di persona, deriva all'uomo un altrettanto rigorosa norma di comportamento. L'uomo è chiamato a meditare sulla propria vocazione, vale a dire sul posto che deve occupare, e sui suoi doveri nella comunione universale. E siccome, d'altra parte, la persona è sempre incarnata in un corpo (siamo sempre anche corpo) e situata in precise condizioni storiche. Salvaguardare l'uomo significa poter interagire contemporaneamente nelle sue tre dimensioni che si fondono in un'unica: l'uomo è davvero immagine della divinità perché in grado di interpretarne il volere in un crescendo di attività spirituale ed aprendosi all'universale in cui si ritrova ad essere in stretta comunione con il Divino stesso. Non è quindi etica della vita ridurre l'umano e in specie distaccare il solo corpo dalla perfetta armonia che può ottenere solo nella sua piena e completa integralità. Da qui il compito prima di tutto dei credenti, non solo i cristiani, di tutelare la vita con l'attenzione al bene della persona. Certamente la malattia nel suo sviluppo riducente molte capacità della persona costituisce una pesante realtà che esige per lo meno una riflessione ulteriore sul senso e la qualità della vita, non in ogni caso riducibile ad un corpo da sanare o da sopprimere qualora non vi siano spazi per una efficace cura di risanamento.

Agire in libertà assoluta

Un'altra situazione diventa però la libertà intesa come assoluta scelta di autonomia. Qui riportiamo come contradditorio di fronte al pensiero personalista quello esistenzialista. In specie il pensiero di Jean Paul Sartre porta a riflettere sul concetto di fondo che l'uomo è ciò che si fa attraverso la sua libera iniziativa e la sua responsabilità. Per questo il mondo è fatto dall'uomo che con il suo impegno porta l'essere delle cose all'essere per sé. La libertà quindi non ha limiti perché è sempre il mio io che può portare verso una scelta piuttosto che un'altra e quindi non vi sono restrizioni al proprio agire. Certamente la scelta di voler ridurre anche la propria identità alla sola dimensione corporea e quindi prendersi cura del proprio corpo solo fin tanto che c'è una reale convenienza anche in termini del poter godere dei propri sensi, costituisce la base per una deriva che sempre più depone la persona a scelte dettate dall'opportunismo del momento. Quindi è l'uomo che crea il suo destino non esistendo né leggi divine, né norme morali, è la persona singola che crea i propri valori ed il senso delle cose nel rispetto della libertà degli altri, è per aiutare gli altri ad essere davvero liberi. È il cammino della storia in cui la vita è segnata da scelte che possono portare ciascuno a dare significato, appunto qualificare l'esistenza attraverso decisioni in cui non si può non scegliere. Si comprende per la nostra trattazione sull'etica della vita come questo pensiero ridotto alla sua sintesi divenga portatore di una notevole soggettività nell'agire incurante di un'etica aperta ai valori eterni e nel tempo che stiamo vivendo verso un approdo sempre più individualista perché tendente alla negazione di ogni riferimento oltre la vita e quindi oltre l'umano. Sempre più il corpo incarna l'espressione unica della persona al punto che ciascuno ne può disporre a proprio vantaggio fino alla scelta di volersene sbarazzare qualora non corrisponda più alle sue scelte ispirate da immediate soddisfazioni piuttosto che possibili prestazioni. E questo può valere anche per il corpo di altre persone che possono arrivare a infastidire, minacciare o ridurre, dal proprio punto di vista, la libertà di azione e di scelte. Si comprende come in questo spazio di azione sia facilmente giustificabile il ricorso ad interrompere volontariamente la gravidanza, piuttosto che a accelerare la durata della vita di un'altra persona affetta da una pesante patologia. Senza un riferimento all'etica fondata ed aperta a ciò che va oltre l'uomo per recuperarne il suo intrinseco valore e la sua solidità esistenziale oltre che giuridica, tutto diviene aleatorio. È il contesto nel quale stiamo vivendo nell'oggi di fronte ad una recrudescenza di soluzioni scientifiche che si vogliono portare al dettato legislativo per consentire sempre più sul corpo ogni tipo di soluzione atta a renderlo quello che si vuole come fosse un oggetto affidato in "conto lavorazione". In ogni logica di ragionamento sull'argomento la riduzione delle persone a corpi è lesiva della loro dignità civile e li priva della possibilità di essere protagonisti della loro vita. Difendere i corpi e prevenire ogni forma di privazione della loro dignità, è una precisa scelta di valore che, come ogni scelta del genere, può essere accettata o rifiutata, ma non va imposta come passaggio obbligato. È una scelta ideologica e quindi discutibile. Avere una vita vuol dire agire liberamente, come espressione della propria volontà e in conformità con i valori acquisiti. È la conseguenza di quanto detto prima, ovvero della riduzione delle persone ai loro corpi. Al di là della situazione contingente, questa è una deriva pericolosa. Il corpo, essendo oggetto fisico, è descritto e controllato soprattutto dalle scienze forti, che quindi giungono ad imporre i criteri che preferiscono, salvo poi, come tante volte è successo, riconoscere di essersi sbagliate. La persona non è risolta solo con il proprio corpo. Il corpo è il mezzo per l'esistenza delle persone, non è l'unico fine. La persona, come tra l'altro ribadisce l'articolo 2 della Costituzione, ha il diritto di essere libera, perseguire la propria felicità, esprimersi nei valori in cui crede e ne è convinta. Certo, questo può avvenire solo a condizione di non nuocere ad altre persone, ma è proprio questo il punto cruciale della nostra società: noi siamo una società di persone e non di corpi. La salute della persona richiede l'esercizio della propria libertà, l'espressione della propria volontà e l'adesione ai propri riferimenti etici. Tutte componenti che pongono le condizioni utili alla vita civile che va garantita dagli Stati.

Si può però segnalare nella nostra riflessione la tendenza statale a cercare forme di giurisprudenza sostanzialmente favorevoli all'evoluzione sociale in atto oggi che consiste principalmente nel dare spazi di libertà al singolo soggetto in grado di autodeterminarsi sulla propria condizione psico fisica. Per essere precisi leggi come il testamento biologico piuttosto che sulla possibilità del suicidio assistito oltre che sull'interruzione volontaria di gravidanza sono il risultato di continue spinte verso la piena autonomia di ciascuno nella scelta etica personale. Se parliamo di felicità c'è da comprendere la scelta di non volersi curare in situazioni dove una malattia o un grave infortunio mettono seriamente a rischio non tanto la sopravvivenza quanto la possibilità di una qualità di vita disabilitante. Farla finita, ossia domandare forme quali il suicidio assistito o praticare l'eutanasia in forma passiva con la cessazione delle cure e spesso addirittura dell'alimentazione o anche in forma attiva, cioè diretta, sono scelte che appaiono oltre il rispetto della vita. È vero che felicità si può assimilare a salute, affetti, possibilità economiche di una vita se non agiata almeno tranquilla senza rischi di improvvise mancanze di mezzi. Ci siamo, ma dare ai medici, piuttosto che a parenti, o a sé stessi il diritto di sopprimere la vita significa uscire dalla logica del dono per entrare nella dinamica del possesso. Noi non possiamo dire di possedere la vita come un qualsiasi altro oggetto che possiamo acquisire, anzi l'indisponibilità della vita costituisce quella dimensione di "mistero" in cui siamo avvolti. È realtà che non possiamo fare finta di ignorare o stigmatizzare semplicemente negando o eliminando ogni forma di possibile sofferenza o riduzione delle proprie capacità operative. Questo modo di pensare ed agire conduce irrimediabilmente a ritrovare il senso della vita solo nell'efficienza e sul criterio utilitaristico, negando di fatto la profondità interiore della vita, quale offerta di possibilità e doti uniche ed irripetibili da persona a persona.

Capitolo Secondo

Condividere la sofferenza

Considerando che nel nostro procedere abbiamo utilizzato largamente vari autori del pensiero filosofico, alla base del vissuto sociale e della riflessione sui contenuti dell'esistenza. Possiamo ancora una volta approfittarne per raccogliere qualche spunto dal filosofo del novecento Gabriel Marcel di impronta personalista. Marcel affronta il tema della sofferenza e del dolore fisico e della morte, dunque, queste evidenti realtà costituiscono il banco di prova per ogni forma di pensiero che intenda dire una parola di verità su quanto di più importante concerne la vita dell'uomo, il suo significato e il suo destino. "*Innanzitutto bisogna distinguere tra le varie forme di male: altro è il male fisico, altro il male morale; altro il male che è tale solo per l'essere umano, ma fa parte del sistema della natura - ad esempio, le conseguenze di un terremoto - ed altro quello che l'uomo infligge deliberatamente ai propri simili, come nel caso del bombardamento di una città inerme o della persecuzione sistematica, fino alla morte, di un determinato gruppo etnico o religioso. Il male che più fa scandalo è, naturalmente, quello morale, appunto perché si traduce nell'offesa alla dignità della natura umana. Il male fisico, specialmente quando è l'effetto di condizioni naturali, fa parte della nostra condizione di esseri finiti, cioè di creature: cosa di cui, gonfi di superbia e di presunzione di onnipotenza, tendiamo a dimenticarci anche troppo facilmente: al punto che ci permettiamo di qualificare "assassina" la montagna su cui si avventurano, con inescusabile imprudenza, gli escursionisti della domenica; e del pari "assassini" quegli animali - squali, tigri, orsi - i quali, per caso, e invero in circostanze piuttosto rare, aggrediscono l'uomo. Quasi che il mondo intero fosse stato fatto appositamente ed esclusivamente per noi e quasi che, da un punto di vista puramente biologico, la morte di un essere umano fosse un male assoluto, e non anche, invece, un "bene" per gli organismi ed i micro-organismi che si ciberanno dei suoi resti: esito inevitabile di un antropocentrismo tanto presuntuoso quanto puerile. Tuttavia è evidente che, se gli uomini fossero interamente buoni, allora non sarebbero liberi, perché non sarebbe contemplata, nella loro natura, la possibilità di sbagliare, scegliendo il male o dei beni di grado inferiore, cioè dei beni parziali e limitati, piuttosto del Bene in sé stesso. E la mancanza di libertà non è certamente un bene, ma un male: una volta ammesso questo, bisogna onestamente accettarne le conseguenze, per quanto spiacevoli possano essere nella vita dei singoli individui*" (da «Le problème du mal», Fayard, Paris, 1951; traduzione italiana di Bruno Montagna, Brescia, Morcelliana,

1951, pp.354-56). In altre parole come ben dice anche il saggio Giobbe nella Bibbia "*se da Dio accettiamo il bene perché non dovremmo accettare anche il male, il Signore ha dato ed il Signore ha tolto sia benedetto il nome del Signore*" (Gb.1,20 e 2,10). È vero il contesto di fede messa alla prova di fronte al dolore e ad una grave malattia, come accade a Giobbe, diventa l'energia interiore in grado di conferire una capacità straordinaria per sostenere una situazione dolorosissima nella quale, nel caso di Giobbe, è necessario aggiungere anche l'isolamento cui è stato costretto dalla contagiosità del male ed il disprezzo dei suoi "amici".

Che dire? Certamente il pensiero filosofico di Marcel allarga l'argomento e lo fa diventare una digressione sui tanti mali che esistono nel mondo a volte causati da comportamenti irresponsabili degli uomini. Pone però l'accento sull'aspetto morale e qui ci si collega ancora una volta alle storie delle varie persone riportate all'inizio. Tutte e tre le persone presentate erano come messe da parte di quanti (famigliari) avrebbero per lo meno dovuto star loro accanto con il conforto di una solidale partecipazione alla loro vicenda. Come si fa ad affrontare da soli una prova come una lunga malattia piuttosto che una gravidanza in condizioni precarie economicamente e moralmente, perché ci si sente soli? Si apre qui il concetto di essere sicuri e quindi trovare una qualche ragione per affrontare la vita in relazione con gli altri, coloro che non sono un ostacolo, ma davvero partecipi della propria precarietà. Facciamo un rapido flash analizzando una frase stereotipata e forse mai sufficientemente assimilata, ma con un impegnativo contenuto etico: la formula del consenso matrimoniale in chiesa che recita: "*Io, accolgo te, come mia/o sposa/o. Con la grazia di Cristo, prometto di esserti fedele sempre, nella gioia e nel dolore, nella salute e nella malattia, e di amarti e onorarti tutti i giorni della mia vita.*" Un impegno che esige una notevole dose di responsabilità sul piano della dedizione e dell'accettazione dell'altra persona. Nessuno può prevedere il futuro al punto da conoscere ciò che potrà accadere. La paura della sofferenza, il rischio della perdita della salute o della sicurezza sociale, economica, lavorativa, costituiscono congiunture esistenziali nelle quali solo con la "grazia" di Cristo diventa possibile affrontare e sostenere questa solenne promessa che forma il contenuto del sacramento, ossia ha il sigillo divino. Ciò costituisce un patto, una alleanza d'amore nella quale vengono deposte le due persone pronte ad amarsi reciprocamente per tutta la vita. La condizione di malattia e di infermità ben lontana dalla propria volontà di amare la persona che si è scelta come partner per la propria vita, diviene però occasione in cui si può manifestare il desiderio e la decisione di essere coppia unita per affrontare insieme le sfide della vita. Certamente la fede in Dio comporta con sé la capacità di solidificare la propria volontà di amarsi per essere in grado di superare ogni previsto che possa portare ad allontanarsi anche solo interiormente dall'impegno di condividere sempre e comunque il cammino della vita.

A contatto con la persona sofferente

Parlando della sofferenza e dello stato di infermità vogliamo introdurci con una sequenza tratta dal film del famoso regista Ingmar Bergman "luci d'inverno". Nella storia viene narrata la vicenda di Thomas pastore di una comunità riformata che sta vivendo un momento di crisi della propria fede. Sperimenta il silenzio di Dio e quanto celebra gli sembra sia solo una vuota ripresentazione di riti e preghiere. Verso il finale del film il pastore ascolta Algot, il sagrestano, che gli parla di alcune riflessioni fatte in seguito alla lettura del Vangelo, riguardo alla Passione di Cristo. Secondo Algot gli evangelisti danno troppa importanza alle sofferenze fisiche di Cristo, che furono brevi, trascurando le sue sofferenze interiori, causate dai suoi discepoli che lo abbandonarono, e da Dio, di cui lui sente la lontananza esprimendola con la seguente invocazione: "*Dio, perché mi hai abbandonato?*" (Mt.27,46), dimostrando di aver sofferto per il silenzio di Dio. Ha proprio centrato la realtà del pastore, anche lui sta soffrendo anche per l'abbandono dei suoi fedeli che addirittura nella trama non lo accettano perfino nel voler consolare una giovane signora restata vedova per il suicidio del marito. Non hanno più fiducia in lui e lo lasciano sempre più solo soprattutto quando celebra vede le panche della chiesa vuote. Come a dire? Tanta sofferenza, dolore, sconforto si prova quando le persone che abbiamo attorno ci abbandonano o sono semplicemente indifferenti e distaccate. Ci si sente davvero addolorati. Qui vengono alla mente proprio le parole del sagrestano (che vuole essere la voce del registra) che dice apertamente che il dolore di Gesù più duro da accettare è stato il constatare come tutti gli apostoli ed i discepoli che lo avevano seguito e che si erano impegnati con lui per lungo tempo, di fronte alla cattura, al processo ed alla condanna, l'hanno lasciato solo, così come il Padre che non sente più vicino. Che dire? Il dolore fisico, certamente pesa, è di grande intensità, ma quello morale penetra a fondo nell'intimo della persona che prova amarezza, delusione, perdita di ogni possibile vicinanza.

Vogliamo inserire in questa presentazione anche la sofferenza provata dall'apostolo Paolo. Fatto prigioniero a Roma e portato di fronte al tribunale viene interrogato e si aspetterebbe che i suoi collaboratori si facciano presenti e magari depongano a suo favore. Avviene così? Non diremmo, anzi è lui che scrive al collaboratore Timoteo: "[14]*Alessandro, il fabbro, mi ha procurato molti danni: il*

Signore gli renderà secondo le sue opere. [15]Anche tu guàrdati da lui, perché si è accanito contro la nostra predicazione. [16]Nella mia prima difesa in tribunale nessuno mi ha assistito; tutti mi hanno abbandonato. Nei loro confronti, non se ne tenga conto. [17]Il Signore però mi è stato vicino e mi ha dato forza" (2 Tm.4,14-17). Paolo nei loro confronti aveva solo dato esempio di onestà morale e disponibilità interiore specialmente nel predicare con passione il Vangelo della salvezza. E che cosa raccoglie di fronte al giudizio umano? Solo la fuga di quanti aveva formato. Che delusione? Quale dolore? Senza dubbio più in profondità rispetto ai dolori fisici che l'apostolo stesso stava portando con sé ed offriva al Signore: "*Ora io sono lieto nelle sofferenze che sopporto per voi e do compimento a ciò che, dei patimenti di Cristo, manca nella mia carne, a favore del suo corpo che è la Chiesa*" (Col.1,24). Sì, Paolo è solo proprio quando credeva che altri potessero se non altro sostenerlo moralmente di fronte alle accuse ed al pericolo di perdere la vita. Unico suo sollievo la fede nel Signore Gesù Cristo, anzi è proprio a lui che offre anche queste sofferenze, certo che imitare il Maestro, Gesù significhi saper portare con coraggio e dignità la propria croce, in questo caso quella dell'abbandono e della denigrazione. Non c'è dubbio che quando si soffre, si cerca consolazione e sostegno, soprattutto quando la malattia diventa lunga e pesante. Si teme non solo la solitudine ma il giudizio degli altri, la squalifica di sé stessi, il non sentirsi più accettati e amati.

Qui vogliamo riportare la storia di Carlo, un uomo affetto da una grave malattia della famiglia della sclerosi a placche: l'aveva reso inabile fino al punto da bloccarlo nel proprio letto, incapace di qualsiasi movimento. Ebbene Carlo era sposato, anzi fino ad allora con la moglie Camilla non aveva mai avuto nessuno screzio, diremmo un legame solido e portato avanti per quasi trent'anni. L'insorgere della malattia, la progressione rapida e l'infermità inarrestabile lo rendevano persona da assistere fisicamente e moralmente. Lentamente mi raccontava come i suoi amici, all'inizio presenti ed incoraggianti, poi nel tempo si erano diradati fino al punto da averlo dimenticato per suo dispiacere. Mi raccontava come nei momenti di salute condivideva con un bel gruppo gite, escursioni in diversi luoghi e la sua passione per il tennis che praticava in modo continuo. Ebbene i compagni di viaggio e di gioco furono, diciamo i primi, a non venire più per casa. Una scusa dopo l'altra, ma in realtà da un lato non se la sentivano di vederlo così sempre più immobile e con gli stessi lineamenti del viso e del corpo profondamente trasformati dalla malattia e dall'altra parte non sapevano, così gli avevano riferito, come consolarlo, con quali parole stargli accanto. Un dolore ad un altro si aggiungeva quando anche Camilla chiese di potersi separare da lui e credo che avesse intuito, aveva sviluppato un'altra relazione. Ricordo come Carlo mi ripetesse più volte la formula del matrimonio nella quale si dice apertamente "*buona e cattiva sorte, salute e malattia*". Sì il rapporto non poteva essere più come prima quando progettavano viaggi e uscite con amici. Così come quando passavano lungo tempo a seguire i loro interessi, anche Camilla praticava sport in palestra e spesso andavano fuori con gli altri sportivi. Ora essere lì con lui sempre più ridotto nelle proprie capacità di movimento e di autonomia significava per la moglie essergli da assistente sanitaria e seguirlo anche negli essenziali bisogni fisici. Non se la sentiva, forse non era più innamorata o semplicemente voleva farsi una "nuova vita" perché comprendeva bene che la sua malattia lungi dal guarire o dall'essere in fase terminale poteva prolungarsi per anni modificando completamente la loro vita. Non era preparata per questo? Non se la sentiva perché non aveva più risorse psicologiche ed affettive? O forse non era motivata, aveva amato Carlo per l'efficienza delle attività che sapeva proporre e condividere, ora amava fino in fondo la persona, sempre Carlo s'intende, che giaceva malato e non più in grado di essere la persona attiva di qualche "tempo prima"? Che delusione, quando andavo a chiacchierare con lui, tra l'altro informatissimo sui fatti che stavano accadendo e diremmo appassionato di vicende storiche. Avevo stabilito un rapporto cordiale, franco e aperto. Nel frattempo veniva assistito da un badante di origini sudamericane, gentile e attento a non fargli mancare niente. Com'era Carlo? Una persona del tutto "normale" affetto da una grave patologia, ma non per questo da escludere e tanto meno da abbandonare. Anzi mi richiedeva spesse volte, al punto che i vicini quando mi capitava di passare vicino alla sua abitazione mi dicevano di andare a trovarlo perché era un po' giù di morale. Sì l'abbandono di Camilla era difficile da accettare soprattutto per un uomo di fede convinto che il sì del matrimonio è per tutta la vita e che lui non aveva commesso azioni o attuato scelte che potevano portare alla rottura del rapporto coniugale. Quale sofferenza era più acuta: l'infermità che non arrecava dei dolori fisici, aveva il "blocco" delle attività motorie soprattutto le gambe e progressivamente gli arti superiori o la solitudine in cui era finito dopo che qualche anno prima si era sentito tradito da Camilla? Una frase mi aveva colpito e credo che Carlo la portasse dentro di sé alla stregua di una ferita aperta che non si cicatrizza: "*ho il diritto di farmi la mia vita con un'altra persona dal momento che con te tutto è cambiato*". Il diritto, ossia qualcosa che è dovuto e quindi tutto il cammino costruito fino al punto della malattia a che cosa era servito? Quali frutti aveva portato? Dove diciamo pure l'etica della vita si era manifestata? Solo per un'esistenza all'insegna dell'attivismo e della pienezza in salute ed il resto, la persona colpita da una malattia davvero imprevedibile e pesante viene lasciata sola? Il diritto, o potremmo dire l'affermazione del proprio io narcisistico fino a voler evadere per sperimentare altre esperienze senza alcuna attenzione alla persona che ha dato la vita per te, anzi si è consacrata nel sacramento per essere un "cuor solo ed un'anima sola". Il noi della coppia che cresce viene automaticamente a mancare di fronte al proprio io arrogante ed insensibile, al bisogno di trasmettere affetto e sicurezza alla persona scelta come partner per la propria vita. Certo non era argomento di cui parlava, in un certo senso non parlandone mai voleva cercare di dimenticare quanto aveva sentito e subito da Camilla nel tempo dell'inizio della grave malattia. Da qui l'attenzione a far sentire Carlo a tutti gli effetti una persona, un uomo con il quale si può e si deve intavolare un normale discorso per comprendersi, confrontarsi e raccogliere stimoli per meglio capire fatti e situazioni esterne al proprio vissuto. Ma pensandoci bene come sarà stata la giornata di un infermo? Certo era lì nel suo letto che continuamente rimugina, rielabora e raccoglie nella propria mente lucida immagini ed esperienze vissute con Camilla fino alla sua separazione. Davvero dura questa realtà, a maggior ragione, occorre più che mai far sentire Carlo ancora in grado di interfacciarsi con qualcuno che va oltre la sua infermità, il suo stato di malato cronico, ciò gli restituisce la carica per affrontare il cammino della vita. Accettava questa malattia? Diciamo pure di no, ma se non altro la sua reazione c'è stata, voleva vivere e mantenere i suoi interessi, almeno immediati. Tenersi aggiornato e con me intavolava discorsi sulla chiesa, la politica e la società in rapido cambiamento. Conversare anche a lungo gli permetteva di sentirsi ancora inserito nel contesto sociale e culturale. Si percepiva una persona che ha la propria dignità ed identità espressa anche e soprattutto con idee e proprie affermazioni davvero interessanti su cui discutere insieme e qualche volta pure con il contradditorio. Non so quante volte ci siamo scambiati opinioni e le sue analisi erano per lo meno adeguate e precise, ne uscivo spesso edificato, e la malattia? Quasi mai se ne parlava eccettuato i primi incontri con il racconto della sua storia personale. Come a dire che la stessa infermità fisica è come messa un attimo da parte quando una persona viene avvicinata e ci si pone in relazione in modo del tutto naturale e normale senza assumere un tono a dir poco di compassione nei suoi confronti. Far sentire il malato, l'infermo, l'invalido una persona dà il senso di essere accettato al di sopra degli eventi che l'hanno reso inabile, anzi addirittura incapace di qualsiasi movimento tranne che nel colloquiare e nel voler capire. Su questo spazio di comunicazione e diremmo di affetto non era proprio possibile riscoprire la persona buona, saggia, equilibrata e affettuosa che Camilla aveva amato per tanti anni e con la quale aveva costituito la coppia? Certo il ricordo di tante esperienze vissute insieme diveniva storia del passato, ma sempre viva dentro di loro, un dono, una preziosa qualità dalla quale riprendere il cammino della vita.

Che cosa resta ad un invalido come Carlo se non qualcuno che non solo dice di volerti bene, ma lo dimostra effettivamente anche riprendendo insieme il vissuto, le gioie e diremmo anche i dolori che hanno permesso ad una coppia di realizzarsi? La costruzione di una famiglia è legata all'intesa in coppia. Ebbene per parecchi anni hanno avuto molte opportunità, ora perché spegnere la possibilità di inventare ancora il percorso della vita insieme? Certo non si può vivere di soli ricordi, ma potersi coinvolgere, condividere, stare accanto alla persona che hai amato e che dici di amare anche nel tempo della malattia e della grave infermità è una scelta di etica della vita che arreca sollievo e sicurezza alla persona inferma e permette di dilatare la propria umanità nella forma della vicinanza e partecipazione ad un dramma che se assunto insieme, diventa sicuramente più sopportabile. Voleva morire Carlo? No, anzi era attento a far sì che tutte le terapie gli venissero praticate con ordine e attenzione da parte del badante. La vita è sempre un dono è per lui l'accettazione di questo stato diveniva in ogni caso una sfida contro sé stesso e quanti l'avevano purtroppo abbandonato al suo destino. Era animato da una profonda fede? Dieri proprio di sì, ma come avviene spesso la persona credente ha un rapporto con il divino personale e riservato, non lascia trapelare nulla di più di quanto una possa intuire.

La fede in Dio è risorsa dello spirito in grado di sostenere, come nella sua situazione, una prova dolorosa e pesante senza perdere né la fiducia nella vita, né la fiducia negli altri. Del resto erano pochi coloro che attorniavano il suo capezzale e spesse volte, ad iniziare dal medico, troppo concentrati sul suo corpo e ben poco sulla persona che al di là del corpo appariva. Certo questa storia fa riflettere, pone dei quesiti non tanto e solo sul fatto di interrompere una qualità della vita così ridotta nelle sue potenzialità, ma apre la prospettiva di pensare ad un accompagnamento attento e qualificato nei confronti di quanti versano in condizioni simili ed a volte per tempi lunghissimi.

Interroghiamo i filosofi

In ogni caso riprendiamo il discorso sulla riflessione filosofica per orientarci con il pensiero recente di pensatori qualificati. Facciamo quindi una puntualizzazione culturale. Qui viene alla mente il già citato filosofo Sartre, il cui pensiero sulle relazioni umane aiuta a capire il legame di ciascun individuo con gli altri. Spesso siamo costretti a ricorrere all'altro; ma tale reciproca dipendenza crea una convivenza di veri forzati che si combattono, si lottano, dice il filosofo, un vero inferno, non certamente un paradiso di felicità. I medesimi rapporti umani e sociali non sono fatti per la gioia dell'uomo, ma per la sua dannazione, così almeno nella riflessione di Sartre che ha analizzato la profonda incomunicabilità dell'uomo del ventesimo secolo. Lui stesso ne dà un esempio in una pièce teatrale: "*Porta chiusa*" in cui i personaggi: Garcin disertore, Estella, adultera; Ines, lesbica che, una volta morti, si ritrovano all'inferno; un inferno moderno senza diavoli, senza fuoco, senza graticole. Si tratta di una stanza di albergo dalla quale non si può uscire, priva di specchi e perennemente illuminata. In un primo momento i tre non si rendono contro della situazione, ma ben presto hanno modo di accorgersi che il vero tormento è stare insieme, l'uno sotto gli occhi dell'altro. Non possono uscire, non possono spegnere la luce per garantirsi almeno un'apparenza di intimità; non possono specchiarsi, in modo che dipendono sempre dallo sguardo altrui. Ines poi si accorge che a tormentarla sarà Estella che la respinge; Garcin ed Estella si accorgono che il loro tormento sarà Ines che impedisce il loro amore, ne possono sopprimerla perché chi è morto non può morire una seconda volta. Dicono infatti: "*È questo dunque l'inferno? Non lo avrei mai creduto. Vi ricordate il rogo, la graticola, il fuoco...buffonate! Nessun bisogno di tutto questo: l'inferno sono gli altri*" (da Sartre, Porta Chiusa, ed. Bompiani, Milano 1960). Perché abbiamo citato questa opera teatrale? Per far comprendere come anche il pensiero del ventesimo secolo ha lungamente trattato della solitudine e del dolore che gli altri possono arrecare ad una persona fino a farla sentire davvero all'inferno, dove non è data dignità alla persona, ma la presenza degli altri arreca maggior solitudine fino a far avvertire ancora più pesante il vuoto di non sentirsi in relazione. Sono così tutti gli uomini e le donne? Non vogliamo cedere al sostanziale pessimismo sartriano, anche se realmente in tanti fatti di vita quotidiana la scelta di Camilla verso Carlo può trovare riscontro in altrettante scelte simili. Del resto, riprendendo quanto detto nella prima parte se la persona, il suo io unico ed irripetibile, viene ridotta alla sola dimensione corporea, quando questa è compromessa in modo irrecuperabile, che cosa resta da fare? Come si può continuare in un rapporto nel quale il corpo dell'altra persona, sia pure legata da affetto e in questo caso anche dal sacramento, non risponde più alle prestazioni che uno desidera? Ed allora ci facciamo ancora una volta aiutare da un filosofo già citato e contemporaneo di Sartre: Gabriel Marcel. Nelle sue riflessioni sull'amore riconosce qualcosa di misterioso che trasforma l'uomo, lo arricchisce, lo avvicina all'essere (trascendente). In altre parole c'è un tu che non può più venir pensato staccato dall'io e insieme si inseriscono e si risolvono nella comunione del noi. È Marcel che scrive: "*Amare un essere significa attendere da lui qualcosa d'indefinibile, d'imprevedibile, significa nel contempo dargli in qualche modo la possibilità di rispondere a questa attesa. Sì, per quanto possa sembrare paradossale, attendere significa in qualche modo donare; ma altrettanto vero è il contrario: non attendere più significa contribuire a rendere sterile l'essere dal quale non si attende più niente, significa dunque in qualche modo privarlo, togliergli in anticipo qualcosa: e cos'altro se non una certa possibilità di inventare e di creare?* "(Marcel, Homo Viator, ed. Borla, Milano 1980). La persona che ama in realtà scopre nell'altro il rimando all'essere (pensiero di Marcel) che significa al mistero infinito dal quale abbiamo la possibilità e opportunità di riscoprire attraverso l'amore stesso l'apertura all'infinito. Non diciamo forse nella rivelazione cristiana che Dio è la fonte inesauribile dell'amore e che il Figlio Gesù ce ne ha mostrato con la sua vita l'infinita misericordia? Dunque pur ammettendo la realtà di rapporti anche affettivi all'insegna della negatività portata fino alla sofferenza paragonabile all'inferno, ciò che dà valore alla vita stessa è la qualità dell'amore inserito in una dimensione che procede oltre l'umano. Ciò significa amare anche quando le condizioni fisiche, morali, psicologiche sembrano aver cambiato i connotati della persona di fronte. Tuttavia se quando ci si ama si inventa insieme la vita, si impara a costruire con legami in grado di sfidare il tempo fino ad aprirsi all'eternità. Quanto stiamo affermando è chimerico, perfino irrealizzabile? Esige una profonda e convinta motivazione a lottare per affermare il valore della persona al di sopra di ogni suo limite procurato dalla debolezza della natura umana. Anzi proprio in tale limitatezza si scoprono risorse anche sul piano personale che prima non si pensavano, al punto che la vita stessa è come trasformata, diventa un nuovo percorso da condividere. Vorremmo al riguardo inserire nella riflessione un contributo di papa Giovanni Paolo II, assai sensibile al tema della vita fin dal suo sorgere ed alla scelta di mettersi a servizio gli uni degli altri motivati dall'amore appreso alla scuola del Vangelo. Prendiamo spunto dalla sua prima enciclica del 1979 Redemptor Hominis in cui affronta l'argomento servizio: …… *"servire" esige una tale maturità spirituale che bisogna proprio definirlo un «regnare». Per poter degnamente ed efficacemente servire gli altri, bisogna saper dominare sé stessi, bisogna possedere le virtù che rendono possibile questo dominio. La nostra partecipazione alla missione regale di Cristo - proprio al suo «ufficio regale» (munus) - è strettamente legata ad ogni sfera della morale, cristiana ed insieme umana. Ai nostri tempi, si ritiene talvolta, erroneamente, che la libertà sia fine a sé stessa, che ogni uomo sia libero quando ne usa come vuole, che a questo sia necessario tendere nella vita degli individui e delle società. La libertà, invece, è un grande dono soltanto quando sappiamo consapevolmente usarla per tutto ciò che è il vero bene. Cristo c'insegna che il migliore uso della libertà è la carità, che si realizza nel dono e nel servizio. Per tale «libertà Cristo ci ha liberati» e ci libera sempre".* (da Redemptor Hominis n. 21). Si parla di libertà o meglio di essere liberi perché capaci di sviluppare, estendere e porre la propria umanità a servizio degli altri. In altre parole il servizio è la dimensione della persona che consente la sua piena realizzazione, anzi ne richiama le qualità personali mettendole a disposizione di altri. Servire è regnare, certo un'espressione non solo provocatoria, ma liberatoria dal male endemico di ognuno: pensare solo al proprio io. Nel caso della coppia citata era chiaro che Camilla posta di fronte ad un grave imprevisto: la malattia cronica di Carlo aveva scelto non il servizio ma l'abbandono. Nella libertà di scegliere aveva optato per la propria realizzazione al di fuori di un contesto nel quale regnare avrebbe significato mettersi a totale servizio del proprio marito per amore, per rendere onore al dono ricevuto trent'anni prima di fronte a Dio della persona che aveva consegnato la sua vita a lei e viceversa. Il punto di riferimento per una scelta di questa portata è nella riflessione di Giovanni Paolo II. Occorre prendere Gesù Cristo quale modello di uomo capace di un amore che supera ogni confine. L'esempio di Gesù ha una parola di sintesi mirabile e capace di liberare in ciascuno delle possibilità che possiamo chiamare virtuose: "*c'è più gioia nel dare che nel ricevere* "(At. 20,35). Donare per amore, offrire sé stesso come Lui ha fatto per tutti noi diventa partecipazione alla missione di Gesù che consiste nel cammino di liberazione dell'amore vero, autentico, pienamente umano di cui ciascuna persona, in quanto figlio di Dio, è portatrice. Non c'è dubbio che nell'assistenza ad una persona gravemente malata sia necessario un supplemento di umanità costituito prima di tutto dalla tenace volontà di mettersi a servizio e dall'altra parte da un bagaglio di virtù che formano il tessuto con il quale ciascuno comunica il proprio affetto, la propria partecipazione alla vita di un'altra persona. Solo nella fede in Gesù Cristo è possibile questa scelta? Diciamo che per chi crede si può ritrovare in lui un grosso alleato spirituale e se ne avverte la presenza nella celebrazione dei segni visibili: i sacramenti, celebrazioni rituali del suo agire nella storia. Tuttavia l'amore è una fonte immensa di opportunità, di fronte a situazioni pesanti e difficili da seguire, ciascuno può attingere a risorse personali che in precedenza non riteneva di possedere. Quando si ama con tutto il cuore e quindi con tutto se stessi non si misura, non si teme, ci si immette in un percorso nel quale si desidera essere un dono per la persona amata al di sopra, o meglio al di là delle sue condizioni fisiche e diremmo psicologiche. Non possiamo non affermare che la fonte inesauribile di questo amore è Dio, non solo il Dio di Gesù Cristo, ma l'immagine della Divinità, quale sorgente dalla quale ogni credente ritrova le sue radici e si riscopre partecipe di un disegno universale di misericordia.

L'amore alla prova del dolore

Andiamo così a cercare questa fonte da cui deriva la stessa etica della vita dai fratelli islamici. Vi ritroviamo "*l'amore di Dio è un Suo dono, una Sua grazia. In una frequente invocazione del Profeta, pace su lui, egli diceva: "O mio Dio donami il Tuo amore, l'amore di coloro che ti amano e l'amore di ogni opera che mi avvicini al Tuo amore. O mio Dio fa che ogni tua provvista a me sia un mezzo per ciò che ami, e fa che ogni Tua negazione sia un'occasione per il tuo amore.*" Quando parliamo di fede, non ne dobbiamo parlare soltanto in termini di obblighi e di doveri, dimenticando la sua essenza spirituale, mistica. Fede è, innanzitutto, ricerca di senso, una ricerca continua dell'amore del Creatore Misericordioso, chi consuma la sua breve esistenza senza accedere a questo sublime significato, allora pianga sé stesso, pianga la sua inconsistenza. Disse il maestro In al-Qayyim: "*Come puoi dissipare la tua vita con un cuore velato all'amore di Dio, come puoi andartene da questa vita come ci sei entrato, senza aver assaporato la sua più gradevole prelibatezza.*" (dal commento al Corano, 51-56 sul sito della comunità islamica di Cuneo del 22.05.2015). Ogni ricerca del divino porta verso la dilatazione del proprio animo, verso un incontro che può trasformare un'esistenza e renderla partecipe del divino aumentando la volontà di amare. È proprio questa scelta etica che dà al credente la possibilità di vincere ogni forma di paura, di egoismo, di opportunismo per liberare la parte migliore di noi. Non dimentichiamo che nella prima parte del testo parlando della mitologia greca avevamo notato come nella creazione dell'uomo e della donna Giove stesso non voleva che venisse aperto il vaso di Pandora, di cui conosceva il contenuto che porta immediatamente al male, a ciò che rende infelice l'umanità. L'amore, la volontà di servire, la dimensione del regno è risposta che rende la persona in dialogo con Dio a volte senza aderire ad un culto preciso o ad una forma di strutturata di comunità. È un impeto che viene dall'alto e prende chi si apre a Dio con spirito di abbandono. Non è un caso che Sant'Agostino nel pieno della sua elaborazione teologica su Dio arrivasse a dichiarare per giustificare un certo relativismo subordinato al desiderio, la famosa frase *Ama e fa ciò che vuoi*

(Commento alla Prima Lettera di Giovanni 7, 8-11). È ovvio che sant'Agostino non volesse legittimare il relativismo, quanto affermare che prima va amato Dio, la cui natura s'identifica con la Legge morale, e poi si deve agire. Soprattutto sant'Agostino voleva dire che tutto, anche il castigo e il giudizio, vanno operati per amore dell'altro. Infatti, nello stesso scritto il Santo Dottore precisa che se il padrone di casa decidesse di percuotere il figlio o i servi per correzione, lo dovrebbe sempre fare per amore. Dice così: *...non credere di amare il tuo servo per il fatto che non lo percuoti; oppure che ami tuo figlio per il fatto che non lo castighi.* (dal sito Il Cammino dei tre sentieri di Corrado Gnerre). Quando si ama attingendo alla fonte immensa della divinità, l'agire (fare) è solo la ricaduta di un dono straordinario che rende la persona strumento dell'azione divina nella storia. Lo stesso ammalato, nel caso di Carlo, se avverte questa potenza divina in lui può ancora intendere la propria esistenza quale servizio ad altri, vero dono d'amore. Come? Non sono poche le persone che la chiesa cattolica ha portato alla gloria degli altari dopo una lunga malattia, spesso addirittura la conversione è avvenuta in infermità, anzi alcuni sono stati di grande sollievo per altri. Vorremmo portare nel nostro testo la testimonianza di Benedetta Bianchi Porro, una giovane colpita da una grave e rara malattia che nel corso di alcuni anni l'aveva resa totalmente inabile colpendo i centri nervosi fino a provocare progressivamente la perdita dell'uso dei sensi. Ebbene in questa condizione nella quale poteva comunicare solo con la madre attraverso il linguaggio delle mani, Benedetta s'interessa a tutti, specialmente alle persone che sono lontane da Dio. Nel maggio del 1963, sua madre le legge attraverso il «linguaggio delle mani» la lettera di un giovane, pubblicata in un settimanale. Natalino è affetto da una grave malattia; disorientato, senza speranza, chiede aiuto. Lei gli scrive: «*Sono sorda e cieca, perciò le cose, per me, diventano abbastanza difficoltose... Però nel mio calvario non sono disperata. Io so che in fondo alla via, Gesù mi aspetta. Prima nella poltrona, ora nel letto che è la mia dimora, ho trovato una sapienza più grande di quella degli uomini. Ho trovato che Dio esiste ed è amore, fedeltà, gioia, certezza, fino alla consumazione dei secoli... Le mie giornate non sono facili; sono dure, ma dolci perché Gesù è con me, col mio patire, e mi dà soavità nella solitudine e luce nel buio... Lui mi sorride e accetta la mia cooperazione con Lui. Ciao, Natalino: la vita è breve, passa velocemente. Tutto è una brevissima passerella, pericolosa per chi vuole sfrenatamente godere, ma sicura per chi coopera con Lui per giungere in Patria.*» (da Dom Antoine Marie osb, lettere all'abbazia san Giuseppe in Clairval, Francia). L'incontro con Gesù dà, anche ad una persona completamente inabile, il significato di un'esistenza che pur andando verso la sua conclusione ha ancora la possibilità di ritrovare significato e valore se non altro nella comunicazione del proprio vissuto interiore e delle esperienze che la giovane stava vivendo affinché altri potessero trovarvi un aiuto ed un sostegno. Non è facile, anche per il semplice fatto che la stessa esistenza sotto questa prova dolorosissima aveva incontrato molti ostacoli ad iniziare da insegnanti che durante i suoi studi di medicina l'avevano pesantemente umiliata per le sue precarie condizioni di salute. Il conforto della fede lungi dal rappresentare una specie di "rifugio dei deboli" è occasione per poter riscoprire, nonostante la malattia, la tenerezza di poter comunicare speranza e fiducia in Dio.

La volontà di essere se stessi

Vogliamo ancora riprendere il magistero di Giovanni Paolo II; lui stesso aveva avuto una solida formazione umanistica attingendo alle filosofie personaliste ed agli studi sulla persona umana a livello psicologico di Max Scheler, il quale sorprende perché non scrive un testo che parla e celebra sé stesso: le sue pagine sono dirette alle strutture dell'esperienza, all'ordine razionale ed alla grammatica della sfera affettiva. Ebbene il pontefice scrive in Salvifici Doloris «*Quasi sempre ciascuno entra nella sofferenza con una protesta tipicamente umana e con la domanda del suo «perché». Ciascuno si chiede il senso della sofferenza e cerca una risposta a questa domanda al suo livello umano... Cristo non risponde direttamente e non risponde in astratto a questo interrogativo umano circa il senso della sofferenza. L'uomo ode la sua risposta salvifica man mano che egli stesso diventa partecipe delle sofferenze di Cristo... Questa [risposta] è, infatti, soprattutto una chiamata. È una vocazione. Cristo non spiega in astratto le ragioni della sofferenza, ma prima di tutto dice: «Seguimi! Vieni! Prendi parte con la tua sofferenza a quest'opera di salvezza del mondo, che si compie per mezzo della mia sofferenza! Per mezzo della mia Croce!». Man mano che l'uomo prende la sua croce, unendosi spiritualmente alla Croce di Cristo, si rivela davanti a lui il senso salvifico della sofferenza... E allora l'uomo trova nella sua sofferenza la pace interiore e perfino la gioia spirituale*» (n. 26). È un cammino misterioso, potremmo dire indesiderato di fronte al quale più che mai il perché uno soffre non ha una risposta completa, plausibile, esaustiva. Si rientra nella categoria del "mistero", qualcosa che non percepiamo totalmente, ma solo in parte, così come la stessa vita, l'amore. È ancor più segnale della provvisorietà, della finitezza di ogni persona e della sua originale chiamata a rendere la vita comunque sia offerta e servizio. Udire la voce di Dio attraverso Gesù suo figlio è quanto afferma il papa, certo è vero, ma proprio all'inizio del capitolo abbiamo parlato del silenzio di Dio. Quando non si riesce ad entrare in sintonia con lui che cosa resta, come ci si muove? È evidente che il dolore, il male che colpisce la persona diviene un ostacolo all'esistenza, un impedimento all'agire ed alla possibilità di inserimento sociale. Scoprire la presenza di Dio nel Figlio costituisce occasione per comprendere sé stessi in una nuova dinamica. Vivere è rispondere alla chiamata ad amarsi come Lui ci ama e a capire che nonostante limiti ed impedimenti fisici e psicologici, la vita stessa ha significato è valore unico e straordinario. Gesù è l'unico che dà senso alla nostra realtà sofferente, trasformando la nostra sofferenza in un'occasione per maturare nell'amore e aiutare nell'opera redentrice dell'umanità. Gesù invita, con il suo amore e il suo affetto, a sopportare insieme a Lui le nostre sofferenze. "*Venite a me, voi tutti, che siete affaticati e oppressi, e io vi ristorerò*" (Matteo 11, 28). Egli conosce le nostre sofferenze. Ha assunto i nostri dolori. Non solo ha redento dal male e dalla sofferenza, ma come persona che incarna la sofferenza è la Via, la Verità e la Vita che reclama una scelta. Il cristiano non segue un insegnamento o una dottrina, ma una persona, che ci ha amati e si è donata sulla Croce per noi.

A contatto con il dolore

Tuttavia il male esiste e spesso se ne fa un'ampia descrizione anche in letteratura. Riportiamo un celeberrimo romanzo di Camus del 1947 "*La peste*". Lo scrittore è chiaro nella prosa introspettiva e riesce a catturare nella sua cristallina tragedia ogni frammento della psicologia umana davanti al dramma: una pestilenza in Algeria nella città di Orano. Ciò permette al libro di non essere solo il mero resoconto della truce morte di metà della popolazione, ma un vero affresco di come la natura umana concepisca il male ne ricerchi una soluzione. "L'eroe" della storia è colui che continua a fare il proprio dovere, ogni giorno, senza rassegnarsi al male che gli si para davanti. Un esempio è Rambert, giornalista parigino che decide volontariamente di restare ad Orano per documentare l'incedere del male, e che rimane accanto ai malati *"per vergogna di essere felice solo per sé stesso"*. La peste esemplifica le passioni e le miserie degli umani, che combattono contro il male: a volte vincono, altre volte perdono. Camus però, ci lascia non con una speranza, ma con una lezione. Quando tutto è finito, quando l'epidemia si è placata, la rinascita dell'umanità non cancellerà le brutture passate. L'umanità non si redime dal male che ha creato, e la fine della peste coincide solo con una tregua momentanea: la malattia non si debella mai del tutto, ma si evolve. È scaltra, attua meccanismi di difesa, si fortifica per tornare costantemente, fino a quando non sarà estirpata nuovamente. Che si chiami peste o cecità, la malattia mieterà sempre vittime, e starà a noi sapere come vincerla, facendo tesoro della nostra umanità, che è il vaccino più potente del quale disponiamo. Il tema della malattia e l'assistenza da fornire al malato è un continuo rimando all'etica della vita dove occorre più che mai stare dalla parte di chi soffre interpretandone il vissuto e cercando una modalità di condotta in grado di dare dignità ed effettiva cura alla sua condizione. Certamente pensare al malato solo come tale non è la via migliore, per questo anche nell'assistenza medico ospedaliera piuttosto che direttamente sanitaria, il paziente va comunque e sempre considerato una persona, dietro la sua malattia c'è una storia, ci sono degli affetti, dei legami che non si possono ignorare altrimenti il tutto ricade su una trasformazione del soggetto in un semplice caso clinico da seguire secondo un protocollo stabilito, spesso assai rigido nella sua applicazione. È ancora significativa la vicenda di Carlo, sì dopo aver presentato il suo percorso sanitario, era lui stesso a voler essere considerato alla "pari" con chiunque andando da lui, lo considerasse persona senza far pesare in nessuna maniera la condizione di malato e di invalido. Questo vale, anzi ancora maggiormente per coloro che vivono il tempo di una situazione chiamata terminale nella quale la speranza di guarigione diventa inesistente, mentre il male proseguendo il suo corso conduce la persona verso la fine. Alla stessa stregua di Carlo l'esperienza di Angelo affetto da male incurabile con diversi momenti di tregua, voleva tornare il più possibile alla normalità. Ne ricordo le conversazioni nelle quali raccontava, come fosse stato in quei giorni, le sue esperienze di vita, la sua passione per la pesca unita al bricolage, nel quale esprimeva creatività e capacità di soluzione ai lavori di manutenzione della propria abitazione e di quelle di amici e vicini. Lasciarlo parlare era per lui il momento nel quale poteva condividere con qualcuno il suo vissuto, si sentiva ascoltato e poteva così alzare lo sguardo oltre la malattia. Ne era consapevole, qualche volta accennava alla possibilità di finire la sua vita, ma aveva dentro di sé assai struggente il ricordo dei momenti vissuti con i suoi cari che non lo lasciavano mai solo. Anzi era proprio la moglie ed i due figli ad incoraggiarlo a muoversi, ad uscire, magari anche solo per pochi passi, per mantenere il più possibile una vita sociale e stare con gli altri. Sì con la malattia, ma anche con la voglia di affrontarla, di trovare spazi perché la sua vita fosse il più possibile tranquilla senza conversare troppo sulle cure, le medicine, gli specialisti consultati. Attorno ad Angelo si stava creando un clima di fraterna vicinanza. Questo per affermare un principio: la vita va vissuta con la speranza e la sicurezza che una persona, anche se affetta da grave malattia, è unica, irripetibile e sempre necessaria. Così notavo i familiari di Angelo attenti a renderlo ancora guida della famiglia, la persona a cui domandare consiglio soprattutto per i vari lavori e progetti da realizzare. Diverse volte mi parlava di sistemare meglio gli infissi o come tenere la manutenzione dei serramenti anche nella parrocchia di cui era stato collaboratore quando vi erano altri sacerdoti. Si sentiva coinvolto al di là, della malattia, pur vivendo il tempo dello stadio terminale. Lo sapeva? Certamente, ma continuare a pensarsi in questa condizione di approccio progressivo alla conclusione della vita appare solo un incubo, un pensiero costante e pesante che non solo crea angoscia e paura, ma scoraggia, mette in agitazione anche i familiari. Così si avviava verso la fine, sempre consapevole di avere ancora un ruolo, un posto importante nella famiglia e tra le persone che lo conoscevano. Si rendeva conto delle forze fisiche che lentamente lo lasciavano e di quello che non gli era più consentito di svolgere, ma la determinazione nell'affrontare la realtà non veniva meno. C'è qui spazio per una riflessione sull'abbreviare questo tempo magari pensando a forme dirette con la collaborazione di medici o di strutture atte a provocare la fine in modo non naturale. Una persona come Angelo l'avrebbe voluto? Sono certo di no, non solo perché credente e convinto che la vita sia dono divino da rispettare fino alla sua conclusione, ma per il semplice fatto che vivere significava ricevere affetto, attenzione e coinvolgimento nelle vicende familiari. Diciamo che la malattia e l'inevitabile percorso finale erano se non pienamente accettati, almeno vissuti con animo sereno e fiducioso. Non voleva arrecare un dolore ai suoi cari che gli stavano davvero dimostrando una solidale vicinanza migliore e più efficace di qualsiasi medicina. Ne ero certo anche raccogliendo le sue confidenze nella consapevolezza che il tempo era breve e che voleva lasciare di sé il ricordo di una persona in grado di accettare, oltre alle stagioni della vita segnate dalla salute e dalle tante attività svolte, anche il tempo della sua malattia vissuto con dignitosa rassegnazione ma nello spirito di chi si congeda amando e dimostrando affetto e riconoscenza verso i suoi, in particolare la moglie.

Il fine vita

C'è margine per una scelta invece differente, come possiamo spesso assistere attraverso le tante situazioni che nei media ci vengono alla luce? La libertà è una gravosa responsabilità di fronte alla quale il nostro io si trova ogni giorno a dover rispondere per trovare la soluzione più confacente di fronte alle vicende che la vita stessa riserva. La grave malattia in particolare, la quasi certezza della sua incurabilità, almeno in un determinato momento, può portare alla scelta di voler anticipare volontariamente quanto il male farebbe inesorabilmente nel tempo successivo. È una scelta delicata, difficile da prendersi e del massimo rispetto. Sì a volte i dolori acuti ed insistenti, le ristrettezze nei movimenti e molte complicazioni fisiche e psicologiche rendono la persona assai provata fino a desiderare una più rapida conclusione della propria esistenza. Che dire? Il nostro testo non va verso un giudizio, vuole proporsi come riflessione sul tema dell'indisponibilità della vita concepita quale dono e dall'altra parte nella dinamica della persona posta in relazione con gli altri per la propria personale realizzazione. Certamente la solitudine relazionale di Filippo di cui abbiamo già parlato lo portava a considerarsi inutile, non aveva più uno scopo per affrontare il cammino che la vita gli riservava avvertiva l'abbandono e più che mai l'estrema solitudine. Diveniva quasi spontanea la richiesta ai medici di sospendere le cure al fine di evitargli altre sofferenze terapeutiche. Non aveva più uno scopo e tutto quello che aveva costruito diveniva fonte di ricordi struggenti e causa di maggiori tristezze perché non più riproponibili. È comprensibile una scelta di sospensione di ogni terapia atta a prolungare, sia pure di poco, la propria esistenza quando ci si sente soli e senza un effettivo riscontro nelle relazioni parentali o amicali. È purtroppo una triste realtà oggi di fronte alla solitudine di tanti anziani, ma anche di persone giovani che scelgono di vivere senza costituire una realtà familiare, fonte di affetti e sicurezza, oppure che per complessi motivi restano soli dopo sofferte vicende familiari. Certamente quando non si hanno stimoli provenienti da altri, la vita appare dura ed il percorso in salita, la malattia aggrava questa situazione e rende le persone ancor più determinate a voler chiudere la propria vicenda esistenziale. Fa paura il morire o la sofferenza derivante dal dolore tipico di un male che colpisce duramente il proprio corpo? È certamente il tempo della sofferenza che incute terrore esistenziale.

Pensiamo alla signora anziana che abbiamo presentato nella prima parte. I parenti si accorgevano della sua sofferenza, vuoi per il fatto che non riusciva più a comunicare con le parole ed a comprendere in modo diretto quanto accadeva e vuoi per le terapie assai invasive che le avrebbero prolungato la vita esponendola però ad una ulteriore sofferenza fisica e psicologica. Che fare? Non si può certamente far mancare il necessario apporto per la prosecuzione della vita, come alimentazione e idratazione, sia pure attraverso forme medicalmente assistite. Dall'altra parte qual è il "confine" tra la cura necessaria per affrontare la malattia e forme di intervento assimilabili ad un accanimento terapeutico su persone già deboli e spesso duramente provate da malattie invalidanti? Difficile una risposta completa potremmo raccogliere due spunti: uno dal giuramento di Ippocrate, documento di enorme importanza per i medici riguardo alla dignità del malato e del rispetto della sua vita, della diligenza nell'esercizio della professione. Veri e propri doveri inseriti nel Codice che ogni medico è tenuto a rispettare. Il momento del giuramento di Ippocrate è quello in cui concretamente, tramite queste parole, si esplicitano il senso della professione di medico, le ragioni dell'essere medico e gli obblighi che ogni medico ha in quanto tale. Si tratta di una sintesi che riassume tutti i principi deontologici ed etici secondo i quali un medico deve agire e dai quali deve farsi ispirare in tutti i suoi comportamenti, anche al di fuori di quello che è l'ambito prettamente lavorativo. L'altro riferimento è biblico dal testo del Siracide dove vi è un chiaro dialogo tra la sapienza d'Israele e la cultura greca che stava entrando nel mondo dopo le conquiste di Alessandro il Macedone, divulgatore della filosofia e delle altre discipline ellenistiche.

Il compito del medico

Dal giuramento di Ippocrate raccogliamo la seguente indicazione etica con cui il medico giura (quindi si fa carico eticamente): □ *di non compiere mai atti idonei a provocare deliberatamente la morte di una persona;*□ *di astenermi da ogni accanimento diagnostico e terapeutico.* Il testo è evidentemente da inserire nel contesto del tempo, ma di certo si parlava, anche parecchi secoli or sono, di accanirsi ossia trovare medicamenti e terapie che non risolvevano la situazione dell'ammalato, ma ne prolungavano solo la sofferenza. Non erano i macchinari che oggi possono consentire una qualità di vita neuro vegetativa così come forme invasive atte a garantire la respirazione piuttosto che altre funzioni biologiche quando sono compromesse da grave malattia. Era però evidente il concetto di fondo: il medico, la medicina sono a servizio della persona e va salvaguardato il bene del malato che non è formato solo da un corpo da curare e sollevare eventualmente dai dolori. Si va oltre lo stesso e si considera la sua interezza di persona curando, come già ricordato nel testo: il corpo e la mente (psyché in greco indica la profondità interiore dell'uomo, la sua anima).

Dal testo del Siracide ritroviamo la seguente precisazione:" [1]*Onora il medico per le sue prestazioni, perché il Signore ha creato anche lui.* [2]*Dall'Altissimo infatti viene la guarigione, e anche dal re egli riceve doni.* [3]*La scienza del medico lo fa procedere a testa alta, egli è ammirato anche tra i grandi.* [4]*Il Signore ha creato medicamenti dalla terra, l'uomo assennato non li disprezza.* [5]*L'acqua non fu resa dolce per mezzo di un legno, per far conoscere la potenza di lui?* [6]*Ed egli ha dato agli uomini la scienza perché fosse glorificato nelle sue meraviglie.* [7]*Con esse il medico cura e toglie il dolore,* [8]*con queste il farmacista prepara le misture. Certo non verranno meno le opere del Signore; da lui proviene il benessere sulla terra.* [9]*Figlio, non trascurarti nella malattia, ma prega il Signore ed egli ti guarirà.*

[10]Allontana l'errore, regola le tue mani, purifica il cuore da ogni peccato. [11]Offri l'incenso e un memoriale di fior di farina e sacrifici pingui secondo le tue possibilità. [12]Poi ricorri pure al medico, perché il Signore ha creato anche lui: non stia lontano da te, poiché c'è bisogno di lui. [13]Ci sono casi in cui il successo è nelle loro mani; [14]anch'essi infatti pregano il Signore perché conceda loro di dare sollievo e guarigione per salvare la vita. [15]Chi pecca contro il proprio creatore cada nelle mani del medico." (Sir.38,1-15). Il pieno rispetto per la scienza medica denota un avanzamento culturale di notevole portata. Ovviamente la medicina viene considerata una scienza e come tale esercitata solo da quanti ne hanno le possibilità e le capacità. Non sono pochi del resto gli interventi terapeutici di profeti quali Elia che guarì dalla lebbra il funzionario del re di Aram (2 Re,5,13-14), o di Isaia che diede disposizione per un medicamento atto a guarire una ferita infetta del re Ezechia (2 Re20,7). Il Signore desidera la salute, la guarigione dei suoi figli e la malattia facilmente veniva interpretata come una sorte di castigo divino, una vera e propria riparazione per qualche grave peccato commesso o dalla persona affetta da malattia o da qualcuno dei suoi familiari. Un esempio in tal senso viene dal racconto esodico nel quale Maria sorella di Mosè con Aronne in un determinato momento del cammino verso la Terra Promessa compiono un atto di ribellione, un tentativo di prendere il potere è per questo Maria viene punita con la lebbra; sarà poi Mosè stesso ad invocare il Signore perché guarisca la sorella nonostante il suo peccato (Nm.12,9-13). In ogni caso pur con le cure mediche che vengono consigliate e comandate durante uno stato di malattia, è il Signore arbitro nella salute. Viene quindi consigliato a tutti di sapersi riconciliare con Dio offrendo un sacrificio ed emendandosi da eventuali peccati che possono aver offeso il Signore. Senza dubbio la persona non è limitata a corpo da curare e sanare, quanto considerata nella sua interezza di creatura che può e deve lodare il Signore con la vita. Non si tratta semplicemente di trovare un rimedio ad un corpo malato, quanto di risanare molto spesso una condotta morale lontana dalla Legge divina e quindi in stato di peccato. La sofferenza fisica diventa in tal caso avvertimento, ammonimento, messaggio inviato da Dio perché ciascuno si emendi, faccia debita penitenza e cambi il proprio modo di vivere. È la pedagogia divina per riprendere l'uomo, ciascuna persona a seguire una condotta all'insegna della volontà di mettere Dio al primo posto. Lui è la nostra forza, l'aiuto necessario per superare le prove della vita tra cui anche la malattia e la sofferenza. In tal modo avviene la riscoperta del senso della vita quale risposta a Dio che interpella ciascuno per essere collaboratore nella fedeltà all'Alleanza offerta guidando il suo popolo. Curare il corpo è quindi dovere morale per

ciascuna creatura; il medico applica una scienza frutto di lungo studio e applicazione per sollevare e guarire i corpi di coloro che sono affetti da una malattia. Non curarsi, ignorare questa opportunità è senza dubbio mancanza di rispetto verso il dono unico che Dio ha offerto: la vita, di cui il corpo è l'espressione esterna e materiale. Dall'altra parte accanirsi sul corpo per tenerlo in vita in forme non più accettabili (vedi il caso della signora anziana), perché prive della capacità di comprendere e senza fondate speranze di una guarigione è senza dubbio andare oltre quel rispetto per la natura umana fondante la stessa arte medica. La fine legata al decadimento corporeo e all'indebolimento delle proprie possibilità è consequenziale al processo della natura che nel tempo porta inesorabilmente alla conclusione della vita fisica. Non si può superare questo confine dettato tra l'altro dalla certezza che il finire non significa perdere ogni speranza, semmai entrare in una dimensione nuova: l'incontro con la divinità, con il Creatore e per un cristiano con Gesù stesso via, verità e vita eterna. Quindi tenere in vita un corpo quasi sfidando la legge nella natura che si manifesta anche attraverso la malattia, il dolore fisico, la debolezza e precarietà del corpo materiale, è senza dubbio una scelta che non contribuisce al bene della persona. Alla stessa stregua, come abbiamo più volte indicato, voler abbreviare la vita è comunque una scelta che non conduce a qualificare la dignità ed il valore della persona. In tale direzione pensiamo al significato anche morale dell'essere in stato di malattia. È vero nessuno se lo augura, anzi in ogni espressione religiosa si prega e si offrono sacrifici per la salute ed il benessere fisico e spirituale.

Le responsabilità degli uomini

Tuttavia la realtà comporta anche l'accettazione e la sopportazione paziente di dolori e malanni spesso derivati dal non coretto comportamento degli uomini che soprattutto nel tempo attuale hanno dimostrato scarsa attenzione alla salvaguardia dell'ambiente. Così ha denunciato più volte lo stesso pontefice Francesco attraverso l'enciclica Laudato Sì. La forza morale proviene da un rapporto vero ed intenso con Dio, non indifferente ma attento ad ogni persona che soffre e capace di infondere fiducia e tenace volontà di affrontare questa prova senza perdere né la fede, né la volontà di vivere. Una prova biblica, oltre alle tante testimonianze rese dalle persone credenti, è Giobbe. Colpito da un male contagioso e per questo estromesso dal contesto familiare e sociale, non solo ma anche colpevolizzato da coloro che avrebbero dovuto consolarlo, avverte la presenza di Dio dentro di sé e se in un primo tempo ammette che "*il mio redentore è vivo e che, ultimo, si ergerà sulla povera! Dopo che questa mia pelle sarà strappata via, senza la mia carne, vedrò Dio*" (Gb.19,25-26). Ebbene dopo aver fatto esperienza del dolore e della vicinanza interiore di Dio, unica sua consolazione, esclama in un crescendo di intensità emotiva e spirituale: "*comprendo che tu puoi tutto, nessun progetto per te è impossibile. Io ti conoscevo solo per sentito dire, ma ora i miei occhi ti hanno veduto, perciò mi ricredo e mi pento sopra polvere e cenere*" (Gb.42,2.5-6). Non viene annullato né il dolore fisico, né la profonda solitudine relazionale nella quale Giobbe, esempio del credente di ogni epoca, viene a ritrovarsi. Semplicemente viene riscoperto dentro di sé il senso di abbandono e di totale fiducia in Dio, non giudice implacabile che punisce e nemmeno lontano in un mondo siderale, ma come alleato, compagno di viaggio, padre che non lascia soli i suoi figli nel tempo della prova. Avviene un cambiamento, una trasformazione: dalla mentalità della domanda cui segue una risposta, alla mentalità di chi si pone nelle mani di un Altro capace di compiere grandi cose, di cui la principale consegna è la certezza che tutto è dono. *"Dio ha dato, Dio ha tolto sia benedetto il nome del Signore*" (Gb.1,21*)*, è quanto dice Giobbe di fronte alla fattualità dell'esistenza segnata da lutti, fallimenti, malattie e quanto altro. Comprende che tutto è dono, aderisce al divino con l'animo fiducioso perché sa che la vita fisica, gli affetti, i beni materiali sono delle opportunità, delle occasioni con le quali manifestare l'apertura a Dio e la volontà di servirlo con fede ed amore. Il contesto di fede rende la persona in grado di accettare, sia pure con fatica ed in certi momenti con affanno, il tempo della malattia. In ogni caso credere non significa una resa, un semplice atto di passiva adesione ad una volontà superiore, è invece impegno, determinazione a cercare in ogni situazione un significato. Non si tratta di voler capire tutto senza discussioni e nemmeno di voler spiegare tutto. Certamente il dramma della malattia e del relativo peso di doverla portare resta un mistero, una condizione che nessuno né si augura, né la cerca in modo diretto. La stessa medicina a servizio della persona esprime l'impegno dell'umanità di tutte le stagioni per vincere il male che affligge il corpo e influisce pesantemente nella vita sociale. Da qui ne consegue l'impegno a cercare il bene del confronto, della relazione, del sostegno anche sul piano morale e materiale per infondere nella persona malata il coraggio di affrontare non da sola questo momento. Togliersi la vita, o cercare forme con le quali abbreviarla per l'insopportabilità di sofferenze e limitazioni più che una soluzione diventa la rinuncia alla vita che rimane comunque dono inestimabile e non producibile da parte dell'uomo. Certo, l'abbiamo ampiamente dimostrato nei casi citati e nei passi biblici, la solitudine relazionale, la mancanza di supporti sul piano sociale portano la singola persona di fronte al baratro di scelte che sono dettate più non solo dal manifestarsi di patologie con la conseguente sensazione di sentirsi inutile. La società utilitaristica rende facilmente ragione a quanti si impegnano attivamente per agire, guadagnare, consumare e godere della vita e quasi dimentica chi per complessi motivi non ce la fa, e sembra davvero del tutto inutile.

Vorrei a conclusione di questo capitolo riportare un commento tratto da un celebre romanzo di Kafka che sa cogliere l'interiorità dei personaggi ed esaminare a fondo l'animo umano alle prese sia con la routine quotidiana che con quello che diciamo gli "inconvenienti" della vita. I rapporti di affetto e amore si capovolgono ben presto quando Gregor il protagonista e lavoratore fino ad allora indefesso, non può più assicurare alcuna forma di sostentamento a causa della sua mutazione. Metaforicamente diviene uno "scarafaggio" in poco tempo, egli diventa un peso insostenibile e, dopo una serie di incidenti non voluti da Gregor, anche l'amata sorella lo vede come un fastidio di cui disfarsi. In questa situazione emergono facilmente tutte le tensioni latenti, che preludono alla morte del protagonista, in cui il giovane ascolta i discorsi dei familiari su tutti i problemi che egli ha causato alla famiglia. Tutto ciò può farci interpretare *La metamorfosi* come l'allegoria dell'impossibile conciliazione tra le aspirazioni individuali e le costrizioni della vita. La "diversità" di Gregor si carica così di significati e letture che, in parte, restano volutamente ambigui ed enigmatici, com'è tipico della narrativa kafkiana. Le cause della metamorfosi non sono spiegate né indagate ed essa è accettata da Gregor come un dato di fatto; gli altri membri della famiglia, che rappresentano invece il "normale" della vita e della società, ne sono disgustati, ma nemmeno loro si interrogano sulle cause della mutazione. L'effetto di straniamento che ne consegue circonda tutta la vicenda di un'aura di "realismo magico": in un contesto apparentemente reale e quotidiano (l'esistenza di una normale famiglia borghese di inizio XX° secolo) viene calato un elemento magico o sovrannaturale (la "metamorfosi"), senza darne spiegazioni razionali. La metamorfosi diventa così per Kafka la chiave di lettura dei mali dell'uomo contemporaneo. Da qui si comprende assai bene quanto la malattia muti la conduzione delle relazioni familiari e renda la persona malata, se non accettata e amata, davvero inutile, un peso, anzi qualcosa che come lo "scarafaggio" del romanzo è bene ad un certo punto disfarsi perché fastidioso, se non addirittura pericoloso. Non è tanto la malattia in sé, quanto come viene rielaborata dal contesto familiare e dal tessuto relazionale della persona che dà un significato esistenziale di speranza e di coraggio piuttosto che di isolamento e di rifiuto aumentando il carico di solitudine personale. Certo nel romanzo la soppressione dello "scarafaggio" è opera addirittura del padre, come a dire che perdendo il valore della vita per sé stessa, tutto può divenire relativo alla funzionalità, utilità, fruibilità di quello che una persona fa a favore di altri che addirittura si sentono in "diritto" di sopprimerla qualora questa vita non risulti più utile per i loro interessi. Siamo verso la disumanizzazione ben lontani dal concetto di persona quale io in relazione con il noi per formare in sinergia l'asse esistenziale proprio di ogni persona.

Capitolo Terzo

La vita fin dal suo sorgere

C'è un segnale del tempo odierno assai preoccupante la denatalità, la mancanza di apertura alla vita. La popolazione dei Paesi Occidentali sta conoscendo una crisi generazionale mai avuta prima d'ora con un invecchiamento progressivo e continuo della popolazione. Non si tratta nella nostra trattazione di approfondire questo argomento, ma di comprendere il valore della vita fin dal suo sorgere. Nel primo Testamento mai viene trattata l'interruzione volontaria della gravidanza, anzi il desiderio di ogni donna è generare figli per accogliere la benedizione divina. Non poter generare diventa motivo di grande tensione emotiva fino a mettere in crisi la vita stessa della coppia. Una prova diretta la raccogliamo dalla vicenda di Giacobbe innamorato di Rachele al punto da lavorare ben quattordici anni per averla in moglie. Una coppia davvero molto unita, ma Rachele, almeno nei primi anni di vita coniugale non poteva avere figli ed esce con una reazione che riportiamo: "Rachele disse a Giacobbe: "*Dammi dei figli, se no io muoio*!". Giacobbe s'irritò contro Rachele e disse: "*Tengo forse io il posto di Dio, il quale ti ha negato il frutto del grembo*?" (Gn.30,2). Davvero era grande l'afflizione della donna senza figli, anzi veniva tacciata di aver commesso una colpa e il non aver figli diveniva la conseguente punizione. La sterilità era motivo di vergogna, di isolamento dal contesto sociale, ne è prova la stessa cugina di Maria, Elisabetta che solo in tarda età concepisce il figlio Giovanni ed esclama: *"Ecco che cosa ha fatto per me il Signore, nei giorni in cui si è degnato di togliere la mia vergogna fra gli uomini*" (Lc.1,25). Non solo ma abbiamo una vicenda davvero eccezionale, almeno per quel tempo, la consacrazione a Dio di un bambino nato dopo una lunga insistenza e preghiera. È la vicenda di Anna, mamma di Samuele, lungamente richiesto a Dio dopo aver subito molte umiliazioni da parte dell'altra moglie del marito (si poteva avere più mogli) perché era sterile. Ebbene Anna dopo aver lungamente pregato è fatto voto, quando nasce il bambino dopo averlo svezzato lo porta e lo consegna al sacerdote Eli perché lo tenga con sé a suo servizio nel santuario di Sichem. Un gesto davvero notevole di riconoscenza a Dio per il dono della vita ma non per sé, per dare continuità alla famiglia, alla dinastia, ma per restituirlo a Dio quale segno di totale abbandono nelle sue mani dopo aver ottenuto il dono più bello che fa esclamare in un celebre canto le seguenti parole: "*La sterile ha partorito sette volte e la ricca di figli è sfiorita. Il Signore fa morire e fa vivere, scendere agli inferi e risalire*" (1 Sam.2,5-6). Il desiderio di generare supera qualsiasi paura anche quella del rischio di perdere la vita conoscendo le probabilità di malattie e pericoli per il parto in quel tempo. Del resto è la stessa Rachele che abbiamo già considerato a morire dopo aver partorito il suo secondo figlio, cui dà il nome di "figlio del mio dolore", poi rinominato dal "padre figlio della mia fortuna", ossia Beniamino (Gn.35,17-18). Come a dire che continua a vivere la madre stessa attraverso la vita del figlio e offrire la propria esistenza affinché un'altra persona possa vivere, significa aver raggiunto già lo scopo della vita, la propria realizzazione. La vita quale dono di Dio, opera sua in quanto creatore, viene accolta con spirito di totale riconoscenza al punto che vi sono dei veri e propri riti di ringraziamento da espletare in un preciso ordine religioso, come viene descritto a proposito della presentazione al tempio di Gesù da parte di Maria e Giuseppe i quali offrono come sacrificio una coppia di giovani tortore. Era l'offerta semplice delle persone più povere, mentre altri offrivano animali più consistenti dal proprio bestiame. Sempre però c'è la ritualità di chi porta di fronte a Dio il frutto del proprio grembo per lodare Colui che ha permesso di ricevere il dono della vita fino a portarlo al suo compimento. Non si parla di aborto in nessun libro della S. Scrittura, nemmeno del Secondo Testamento. C'è però da notare che gli Apostoli, andando a predicare fuori della terra d'Israele, si sono scontrati con una mentalità ed una prassi che ammetteva l'aborto. A tal proposito è interessante notare come un documento della seconda metà del primo secolo, mentre erano ancora vivi molti apostoli, faccia menzione esplicita all'aborto e lo condanni. Questo documento è la *Didaché*. Nella "Didaché", un antico scritto cristiano, è detto chiaramente: "*Tu non ucciderai con l'aborto il frutto del grembo e non farai perire il bimbo già nato*" (V, 2). Atenagora ricorda nella sua "Apologia per i cristiani" che i cristiani considerano omicide le donne che usano medicine per abortire; egli condanna agli assassini dei bimbi, anche di quelli che vivono ancora nel grembo della loro mamma, "*dove essi sono già - così scrive - l'oggetto delle cure della Provvidenza divina*" (Atenagora, *Apologia per i cristiani*, 35). Scorrendo brevemente nella storia della chiesa **Tommaso D'Aquino** riteneva che un feto diviene un essere umano dopo 40 giorni se è maschio oppure 60 giorni se è femmina e che solo gli esseri umani hanno l'anima, mentre il feto non la possiede. A partire dal XVII° secolo il feto fu considerato una persona da battezzare anche a costo della vita della madre (che tanto era già stata battezzata e quindi salva). Nel XIX° secolo il feto venne considerato essere umano una persona, dotato di un'anima fin dal primo istante del concepimento.

A salvaguardia della vita

Sorge spontaneo un rapido confronto tra i primi tempi della Chiesa e l'attuale momento storico. Non c'è dubbio che l'umanità oggi dimostra un amore e una sollecitudine per la vita umana di notevole ampiezza e significato. È confortante la crescita generale del senso della dignità della persona e del valore della vita umana; è rilevante l'aumento della sensibilità sociale che sfocia in numerosi e specializzati servizi a favore delle persone disabili, anziane, povere e abbandonate. La Chiesa, fin dalle sue origini, in un contesto sociale e culturale di disprezzo e di rifiuto della vita umana espressi in termini di aborto e di infanticidio, di schiavitù e di condizioni disumane di lavoro, introdusse decisamente una nuova mentalità e un nuovo costume nei confronti della vita. In seguito, alla condanna, si aggiunse anche una scomunica, che ancor oggi colpisce tutte le persone che in qualche modo cooperano all'aborto (medici, infermieri, consiglieri, consenzienti...).
Paolo VI ha detto che l'insegnamento della Chiesa sull'aborto *non è mutato ed è immutabile*.
Giovanni Paolo II, nell'enciclica Evangelium vitae, richiamando l'autorità che Cristo gli ha conferito, in maniera molto forte ha detto: "*Dichiaro che l'aborto diretto, cioè voluto come fine o come mezzo, costituisce sempre un disordine morale grave, in quanto uccisione deliberata di un essere umano innocente.* (EV.53). Tale dottrina è fondata sulla legge naturale e sulla Parola di Dio scritta, è trasmessa dalla Tradizione della Chiesa ed insegnata dal Magistero ordinario e universale. *"Nessuna circostanza, nessuna finalità, nessuna legge al mondo potrà mai rendere lecito un atto che è intrinsecamente illecito, perché contrario alla legge di Dio, scritta nel cuore di ogni uomo, riconoscibile dalla ragione stessa, e proclamata dalla Chiesa*" (EV 62). Il motivo di questa condanna è chiaro: si tratta della *soppressione violenta di un essere umano innocente, indifeso, bisognoso di tutto e di tutti*. È la ripresa del valore inattaccabile della vita umana quale dono divino dato a ciascuno con il compito di amministrarla e nel caso del concepimento, rispettandola fin dal suo primo sorgere al di là dei fatti e delle circostanze. Perfino nei casi in cui il concepimento fosse avvenuto con la violenza carnale, l'aborto non è mai lecito. Certamente la violenza carnale è uno dei crimini più grandi che possano essere compiuti su una persona. Ma non si rimedia a questo crimine commettendone un altro, ossia sopprimendo in modo diretto un innocente. Ne consegue l'insegnamento stesso della chiesa per il rispetto di ogni donna anche nello stato di un eventuale conflitto armato. È giusto ribadire che alla violenza carnale si rimedia cercando di aiutare la donna in tutti i modi (anche con il sostegno economico e logistico) perché possa portare a termine la propria

gravidanza. Se poi non vorrà tenersi il bambino, la chiesa fa quello che ha sempre fatto: se ne fa carico. Non si può dimenticare che proprio durante la lunga storia della chiesa non sono pochi gli enti religiosi sorti per prendersi cura di bambini, spesso abbandonati o orfani. Nei secoli, specie nelle città, vi erano le cosiddette "ruote" dove i bambini non riconosciuti venivano anonimamente depositati e lì i religiosi e anche i volontari se ne facevano carico per favorire la loro educazione nel migliore dei modi. In tempi più recenti, come non ricordare la bella testimonianza di Madre Teresa di Calcutta quando ricevette il premio Nobel per la pace: "*Se sentite che qualche donna non vuole tenere il suo bambino e desidera abortire, cercate di convincerla a portarmi quel bambino. Io lo amerò, vedendo in lui il segno dell'amore di Dio*". Queste parole furono riportate da Giovanni Paolo II nell'omelia della beatificazione della Suora (cfr. *L'Osservatore Romano*, 20-21 ottobre 2003, p. 8).

Questo atteggiamento la Chiesa l'ha sempre avuto. Già nell'epoca carolingia i vescovi del *Concilio di Arles* avevano detto "*che, se qualche donna per un peccato nascosto attende un figlio indesiderato, non pensi a uccidere la sua creatura, ma, nel modo che meglio le riesce, la faccia portare alle porte della Chiesa; qui, abbandonato, il bimbo sarà presentato il giorno dopo al sacerdote, che provvederà a cercargli un buon fedele disposto a riceverlo e a nutrirlo; così si eviterà un reato di omicidio*". (DZ 670) Lo stesso discorso vale per una famiglia povera: la Chiesa e la società devono farsene carico. E vale anche qualora si diagnosticasse che il bambino nascerà con alto rischio di disabilità. Da qui il divieto di nozze tra consanguinei ed in ogni caso la stessa assistenza garantita a bambini nati con gravi difficoltà attraverso parecchi istituti religiosi sorti soprattutto nel XIX° secolo, ricordiamo San Giuseppe Benedetto Cottolengo o San Luigi Guanella o San Luigi Orione.

Il fatto è che lui è vivo e come tale ha diritto alla vita quanto un adulto. Poco importa che non abbia ancor visto la luce del sole. Viene ribadito che nessuno è padrone della sua vita. Per questo "*la vita, una volta concepita, deve essere protetta con la massima cura*" (Concilio Vaticano II, Gaudium et spes 51). Anche nel caso di un parto difficile in cui venga messa a repentaglio la sua vita e la vita della madre, si dovrà fare di tutto per salvare tutti e due. Vogliamo qui riportare un passaggio di un celebre discorso di Pio XII° alle ostetriche (29.10.1951), in cui riassume la dottrina della Chiesa sul rispetto del concepito: "*Uomo è il bambino, anche non ancora nato; allo stesso grado e per lo stesso titolo che la madre. Inoltre ogni essere umano, anche il bambino nel seno della madre, ha il diritto alla vita, diritto che proviene immediatamente da Dio, non dai genitori, né da qualsiasi società e autorità umana. Quindi non vi è nessun uomo, nessuna autorità umana, nessuna scienza, nessuna indicazione medica, eugenica, sociale, economica, morale, che possa esibire o dare un valido titolo giuridico per una diretta, deliberata disposizione sopra una vita umana innocente, vale a dire una disposizione che miri alla sua distruzione*" (da Discorsi e Radiomessaggi di Sua Santità Pio XII, XIII, Tredicesimo anno di Pontificato, 2 marzo 1951 - 1° marzo 1952, p. 333 – 353).

Dio ha conosciuto tutta la vita dall'eternità

Come cristiani la fede si fonda sulla Parola di Dio. Anche se nessuno può dimostrare scientificamente quando in effetti ha inizio la vita, sappiamo dalla Bibbia che Dio è il creatore di tutte le cose, e che Lui è la fonte di tutta la vita. Quando Dio creò il primo uomo Adamo, lui non era vivo finché Dio "*soffiò nelle sue narici un alito vital*e", quando lui "*divenne un'anima vivente*" (Genesi 2,7). Allo stesso modo, non è una certa combinazione chimica che fa vivere un bambino non ancora nato, ma l'alito che Dio ha soffiato dentro di lui, e nessuno può sapere quando questo avviene. Di conseguenza la vita è sacra, pura e inviolabile, e va rispettata come rispettiamo Dio, il donatore della vita. Dappertutto nella Bibbia è chiaro che Dio conosce ogni cosa, anche quello che avverrà, e lo ha conosciuto dall'eternità. In questo modo Lui ha anche sempre conosciuto ogni persona, ogni vita, persino prima del concepimento. È significativo quello che viene detto al profeta Geremia "*Prima di formarti nel grembo materno, ti ho conosciuto, prima che tu uscissi alla luce ti ho consacrato; ti ho stabilito profeta delle nazioni*" (Ger.1,8). Dio non solo conosce ogni individuo prima che esista, ma ha anche uno scopo con ciascuna vita. Questo è descritto chiaramente nel libro dei Salmi: "*Sei tu che hai formato le mie reni, che mi hai intessuto nel seno di mia madre. Io ti celebrerò, perché sono stato fatto in modo stupendo. Meravigliose sono le tue opere, e l'anima mia lo sa molto bene. Le mie ossa non ti erano nascoste, quando fui formato in segreto e intessuto nelle profondità della terra. I tuoi occhi videro la massa informe del mio corpo e nel tuo libro erano tutti scritti i giorni che mi erano destinati, quando nessuno d'essi era sorto ancora.*" (Salmo 139:13-16). Un vero canto di ringraziamento per il dono della vita, anzi la scoperta di essere nella mente divina da sempre con il conseguente impegno a rendere la vita stessa una continua risposta al Creatore, tessendo una serie di relazioni per restituire il dono arricchito di amore perché è proprio per amore che si viene creati.

Tuttavia, nel tempo attuale non sono poche le persone che scelgono di interrompere prematuramente una gravidanza per una serie di motivi. Il dato che riportiamo pur avendo un numero ancora elevato di interruzioni volontarie della gravidanza conferma il calo: in Italia sono state calcolate 67.638 interruzioni volontarie di gravidanza (IVG) come dato provvisorio per il 2020, con un decremento del 7,6%. Sebbene l'aborto sia esistito in tutte le culture nel corso della storia, i progressi della medicina e il cambiamento delle norme sociali nella società moderna, hanno reso l'opzione più accessibile accettabile" rispetto a molte generazioni precedenti. Motivi "logici" o, potremmo dire "egoistici" rinunciatari sono alcuni dei principali – il momento è sbagliato, i genitori calcolano che non possono permettersi di crescere un altro figlio, la gravidanza è socialmente inaccettabile ecc.- "Interrompere" una vita in via di sviluppo per queste ragioni è considerata una grave mancanza contro Dio e la vita del nascituro. Oggi sappiamo, non esiste solo la possibilità di praticare l'interruzione attraverso un intervento chirurgico diretto sul concepito, vi sono anche dei medicamenti che possono impedire il progresso della gestazione nei primi giorni successivi al concepimento con rischi non indifferenti per la salute. In ogni caso è una scelta che va direttamente nella non volontà di accogliere, accettare e accompagnare la vita che sta sorgendo e portarla avanti nel tempo. Non vogliamo immediatamente parlare di trasgressione della legge e della volontà di Dio, quanto di una presa di posizione che va in netto contrasto con ciò che la natura sviluppa nel corso della sua evoluzione naturale. Senza dubbio è causa dolore e sofferenza, e molti sperimentano un profondo stress psicologico e spirituale dopo aver subito, eseguito o fatto pressioni per un aborto. Vogliamo al riguardo, essendo il nostro testo soprattutto una riflessione sull'etica della vita, riportare due testimonianze raccolte da Avvenire del 25 marzo 2021: «*Avrei voluto anch'io un santo consiglio 38 anni fa*» scrive Nanna dalla provincia di Sassari, chiedendomi di rendere pubblica la sua confessione. Lo faccio. Ma qual è il «santo consiglio» che la signora avrebbe voluto sentire e che non le arrivò? Ascoltiamo: «*Ero molto lontana da Dio e prendere "quella" decisione mi era sembrato una sciocchezza, c'era la legge e potevo farlo... Il mio terzo figlio aveva 16 mesi... È stato terribile già dal giorno dopo, quando mi sono sentita vuota nel corpo e nell'anima. Sono stata male per oltre 30 anni». Nanna si è lacerata fino al giorno in cui qualcuno le dice: «Il Signore ti ha perdonato. Adesso devi perdonarti anche tu». Non le viene facile, ma lo fa. Chiede perdono a Dio, ai figli, e perdona sé stessa. Da allora la sua vita cambia, guarisce dalla depressione, dà un nome al suo bambino non nato. Oggi, pur cosciente della complessità e della problematicità del dramma dell'aborto, lancia un appello: «A tutte le donne che stanno per compiere questo gesto terribile consiglio di farsi aiutare, perché non pensino che finisce tutto nel momento dell'aborto, ma è lì che inizia la grande fatica di andare avanti*». Un'altra donna raggiunge con un messaggio: «*Mi chiamo Margherita e sono madre di 2 bambine. Nel 2017 è nata la mia seconda bambina e a febbraio 2018 ho scoperto di essere di nuovo incinta. In quei momenti mi sono sentita persa, avvilita, e ho scelto la strada che in quel momento mi è sembrata la più comoda, la più semplice: ho abortito. Poi, dopo alcuni anni, quando mi sono illusa che la mia vita scorreva tranquilla è bastata una frase di un amico a risvegliare prepotentemente la mia coscienza. Lui con la sua famiglia ha preso con sé tre bimbi in difficoltà. Mi sono ritrovata a fare i conti con la mia coscienza, proprio io che, da adottata, mi sono arrogata il diritto di non far nascere un'altra vita*». Anche Margherita termina la sua dolorosa testimonianza con un invito alle donne in difficoltà a non arrendersi, a non rassegnarsi, a non cedere alla tentazione di credere che l'eliminazione del figlio risolverà i suoi problemi: *«Esorto le donne che si trovano in questa situazione a rivolgersi a persone che sappiano consigliare per la difesa della vita, dono di Dio. Quando si è soli non si vede via d'uscita; quando ci sentiamo compresi e sostenuti il buio non vince sulla luce. In questi ultimi mesi sono riuscita a liberarmi da questo macigno confessandomi, provando con mano la misericordia di Dio, sentendo Dio non come un giudice ma come un Padre amorevole. Adesso sto assaporando una vita nuova*».

Il completo ed autentico perdono e la conseguente guarigione morale, possono essere ottenuti soltanto cercando Dio, che è il Signore della vita. Lui è un Dio misericordioso e amorevole e darà pace a coloro che lo cercano con un cuore retto. La rielaborazione di un gesto come l'aborto non è facile perché tocca nel profondo l'essere umano e porta con sé l'immagine che nessuno vorrebbe avere di fronte: una vita mancata senza aver commesso alcuna colpa. E facendo un confronto se grande fu la colpa di Caino per aver eliminato il fratello Abele al punto che non riuscì più a tornare tra la sua gente ma fuggiasco e ramingo si aggirava sulla terra in cerca di pace (Gn.4,14); che cosa non può provare chi sopprime un innocente? Certo non manca il ministero della consolazione e della speranza, anzi nel tempo attuale nella chiesa viene annunciata più che mai la misericordia quale accoglienza e riconciliazione con chiunque abbia commesso delle gravi mancanze.

Tornando direttamente al nostro tema sulla vita nascente, non dimentichiamo che oggi la scienza ha reso possibile individuare molte disabilità e anomalie" in un feto in via di sviluppo in una fase precoce. Alcuni sostengono che ad un feto con una disabilità evidente non possa mai essere data una vita piena, e la cosa più "gentile" e ragionevole da fare è interrompere la gravidanza. L'etica della vita alla luce della fede e della Rivelazione ci insegna che gli esseri umani sono creati a immagine di Dio, e Lui ha creato ciascuno secondo il Suo proposito divino. Non spetta ad altre persone decidere chi può vivere e chi deve morire. Dio non mostra preferenze, incluso i deboli, gli svantaggiati e il nascituro. Lui è sempre il loro Creatore. Nell'interrompere la vita che deve nascere perché non è "perfetta" ci si sostituisce al ruolo di Dio, e a chi è stata data una tale autorità? "*Chi fece me nel grembo di mia madre non fece anche lui? Non ci ha formati nel grembo materno uno stesso Dio?*" afferma il già citato Giobbe (31,15). Accogliere significa soprattutto accompagnare, stare accanto alla creatura che nasce perché diventi adulta, sia in grado di affrontare il cammino della vita. Tutto questo diviene una vera e propria missione, la chiamata a rispondere con tutto se stessi al Signore che ci dà un'alta responsabilità: divenire con Lui collaboratori, strumenti della sua infinita Provvidenza. Questo nell'etica della vita ispirata dal cristianesimo è linea guida. Certo sono necessari degli aiuti, un supporto della stessa famiglia e comunità cristiana. Proprio nel resoconto annuale dell'attività dei Centri di aiuto alla vita in Italia si può leggere come l'impegno delle persone conta, fa la differenza: 16mila bambini nati nel 2012 e 60mila donne assistite. Numeri che, sommati agli anni precedenti, significano oltre 150mila bambini e 500mila donne aiutate.

A fronte di questi dati incoraggianti non mancano però i segnali che destano profonda preoccupazione. In Germania si apre la discussione sulla dignità dei bambini non nati ed in Italia si impone una discussione addirittura sulla possibilità di disconoscere i diritti dei bambini appena nati introducendo un neologismo: "aborto post nascita". Il tema dell'accoglienza della vita suggerisce tante iniziative anche sul piano del diritto che si potrebbe denominare bio diritto. Senza voler elencare in modo completo tutte le disposizioni legislative, è vero ad esempio che in Germania è entrata in vigore una legge che riconosce i bimbi nati morti come persone, consentendo di dare legalmente un nome, e dunque un'identità giuridica e una sepoltura ufficiale, nati senza vita con un peso inferiore ai 500 grammi. Finora in Germania li chiamavano *Sternenkinder*, bambini delle stelle, il loro nome infatti era scritto solo in cielo, nessuna traccia sulla terra. Un passo in avanti dunque, non un punto di arrivo, ma certamente una indicazione di direzione. Ricordiamo che in Italia è possibile chiedere per tutti i bambini non nati il seppellimento. In Italia poi la legge 40/2004 ha posto una pietra miliare nel diritto, riconoscendo l'embrione come soggetto a parità di diritti di tutti i soggetti coinvolti nel concepimento.

Precisando l'argomento vi sono molte situazioni non del tutto chiare, e non bisogna pensare che chi compie questa scelta lo faccia solo per motivi "egoistici". Spesso, come abbiamo già presentato, vi sono realtà di grave disagio fisico, psicologico, sociale e familiare che spingono verso una scelta che in altri contesti non verrebbe presa in questa direzione. Da qui poi il senso di colpa, la difficoltà a darsi una ragione plausibile e sostenibile nel tempo successivo con pesanti ricadute anche sul piano psicosomatico. Si comprende come la cultura di oggi sia manifestamente per la libertà individuale spinta verso scelte che vanno oltre i valori trasmessi vuoi dalla religione, vuoi dall'etica civile. La tutela della vita da sempre ha costituito la base per qualsiasi aggregazione sociale, lo dimostra il fatto del diritto costituito da leggi e norme atte a proteggere i più deboli ed a garantire il senso di giusta applicazione delle leggi regolanti la vita comunitaria. Ne è prova fin dall'antichità la regolamentazione del Decalogo (dieci Comandamenti) in cui su argomenti attinenti la tutela della vita e della dignità, in particolare della donna, viene precisato: "*Quanto un uomo seduce una vergine non ancora fidanzata e si corica con lei, ne pagherà il prezzo nuziale, e lei diverrà sua moglie. Se il padre di lei si rifiuta di dargliela, egli dovrà versare una somma di denaro pari al prezzo nuziale delle vergini. Non maltratterai la vedova o l'orfano. Se tu lo maltratti, quando invocherà da me l'aiuto, io darò ascolto al suo grido, la mia ira si accenderà e vi farò morire di spada: le vostre mogli saranno vedove e i vostri figli orfani*" (Es. 22,15.21). Sono le prime forme atte a regolamentare la vita sociale mettendosi dalla parte di chi, essendo più debole, aveva necessità di una maggior protezione da parte della legge stessa e di chi la faceva applicare. Si comprende in questo modo come l'etica della vita sia promossa dalle stesse disposizioni civilistiche, anzi il dettato religioso costituiva la base sulla quale ispirare quello statale.

L'insostituibilità della genitorialità

Sull'argomento possiamo raccogliere un passaggio del profeta Isaia. Nella Parola leggiamo: *"Tu sei prezioso ai miei occhi, sei stimato e io ti amo... Non temere, perché io ti ho riscattato, ti ho chiamato per nome"* (Isaia 43,4). Questo progetto è quindi **espressione irripetibile** dell'amore di Dio, l'avvertiamo interiormente se siamo aperti all'ascolto. È il Signore che chiama **ogni persona** che viene nel mondo: Egli ha per ognuno di noi un **piano**, un **disegno ben chiaro** per condurci alla piena realizzazione della vita. Senza dubbio tutto ciò richiede **impegno** e tanta responsabilità spesso con **sacrifici. Ciò che viene prospettato è** la consapevolezza che con la propria esistenza si va avanti verso una finalità più ampia: il progetto del Regno di Dio nella giustizia e nella pace universale in cui al centro è la vita secondo il Vangelo. La tutela della vita avviene non solo nella consapevolezza di essere collaboratori nel generare, quindi nell'accogliere nuove esistenze, ma nella tenace capacità di mettersi a servizio con slancio e dedizione. Qui si innesta la dimensione educativa per poter esercitare la genitorialità. Non si nasce genitori, ma lo si diventa quando si mette al mondo un figlio e le capacità genitoriali si acquisiscono lungo tutto l'arco della sua crescita. Anzi nelle situazioni presentate una difficoltà per poter generare e sostenere l'educazione dei figli, abbiamo rilevato, è proprio la ricaduta personale della conduzione del bambino. Non può essere assunto dalla madre senza la collaborazione attiva e continua del padre, al di là dell'essere uniti anche sotto il profilo giuridico e religioso. Essere genitori significa assumersi la responsabilità, le fatiche e la bellezza della crescita dei figli in un percorso che comunque non permette rassicuranti certezze. Non ci sono indicazioni e regole, se non le più semplici (che sono spesso anche le più efficaci), che siano adeguate per tutti i figli: ogni genitore è diverso dagli altri e da questa diversità derivano i differenti atteggiamenti, convinzioni, regole, abitudini da mettersi in atto. Così anche i figli sono unici nella loro irripetibilità, per questo motivo crescerli richiede un continuo e progressivo adeguamento da parte dei genitori, che devono saper rispondere a esigenze sempre nuove, alla ricerca di progressive modalità di relazione con loro. Lungo l'arco della crescita si incontreranno figli "sempre differenti": pensiamo al passaggio tra infanzia e adolescenza, percorso sempre più precoce e imprevedibile verso l'età adulta, con l'abbandono della funzione protettiva e rassicurante (quando c'è) dei genitori. Siamo nel tempo in cui vi è un sostanziale rifiuto di questa funzione, con la scoperta dell'"altro", un tuffo nella vita adulta, ricca di attrattive per una mente ancora in fase di maturazione. L'adolescenza ha un naturale e necessario compito evolutivo: essa porta con sé tutta una serie di cambiamenti nei figli, che da bambini docili iniziano a ribellarsi, mettendo in discussione l'autorità dei genitori e provocando in famiglia tensioni e litigi.

I genitori si trovano disorientati, spesso impotenti di fronte a comportamenti dei figli che non riconoscono più e temono che la situazione possa sfuggire loro di mano.

È' importante comprendere che tutto ciò fa parte del percorso di crescita e quasi sempre non è riferita al rapporto diretto con mamma e papà, di cui i ragazzi hanno ancora tanto bisogno, anche se non lo ammettono. Non deve però questa paura attanagliare i genitori ancor prima di generare il figlio e aumentare l'ansia per il suo futuro, fino a non volersi aprire alla generazione. Così valga per le considerazioni sul mondo. È vero mai è esistita una società perfetta. Sempre tutti dobbiamo impegnarci per costruire relazioni capaci di migliorare la qualità della vita. Primi tra tutti i genitori che non devono chiudersi in angosciose difese contro il pericolo di non farcela ad educare, quanto invece aggiornarsi, dialogare, credere nel valore della vita che nasce, cresce e si sviluppa verso i figli oggi più che mai bersagliati in specie sul web da un mondo di contenuti molto spesso diseducativi, subissati da migliaia di informazioni che non sono in grado di gestire, davanti alle quali sono passivi come "carte assorbenti". Aprirsi alla vita non comporta chissà quali conoscenze di questo mondo digitale che stiamo tutti imparando ad abitare, quanto credere nel valore insostituibile dei rapporti umani da sviluppare e consolidare nel contesto familiare. Sì, abbiamo parlato di interruzione della gravidanza, ma dovremmo in parallelo parlare di interruzione delle relazioni familiari nel momento in cui vengono a mancare la solidità dei rapporti in coppia, in grado di conferire sicurezza e stabilità al cammino di ogni bambino che cresce. L'educazione è responsabilità perché' la vita dell'altro, nella sua crescita e nella sua riuscita, pur nel rispetto della sua libertà, dipende anche dagli adulti cui è affidato. È una responsabilità che si esprime attraverso l'affetto, la cura, il far intravedere il profilo di un'umanità realizzata ed interessante. È accompagnare verso la maturità, perché ciascuno sia disposto e capace di andare con fiducia nel mondo, a renderlo migliore. L'educazione è relazione in cui l'adulto, disposto a legarsi all'altro, mette sé stesso, la sua esperienza, la sua persona, la sua cultura; questo lo fa autorevole, in grado di sostenere la crescita del giovane. L'educazione è distacco, necessario perché un figlio divenga una persona libera, divenga sé stesso. Generare è "mettere al mondo": non si genera per sé stessi. Nel corso degli anni, dalla nascita alla maturità di un figlio, sono diverse le forme del distacco. Oltre a quelle che toccano gli affetti, vi è soprattutto il distacco dalla propria immagine del figlio, per accettare che sia sé stesso, non la copia di noi o la realizzazione dei nostri desideri su di lui.

L'etica della vita nel percorso educativo non prevede ruoli paritari tra genitori e figli, si tratta di non confonderli: il bambino ha bisogno di un riferimento solido, non semplicemente di un compagno di giochi, qualcuno da cui apprendere ciò che è giusto e ciò che è sbagliato. Si rischia che la distinzione dei ruoli non sia più chiara e definita; al giorno d'oggi i confini sembrano assottigliarsi sempre di più e l'incognita è che si invertano i ruoli, lasciando i figli in una libertà che da soli non sono in grado di gestire. Ci troviamo di fronte ad una crisi della famiglia quale istituzione base per la vita sociale. Il modello della famiglia è attualmente posto in discussione e ci troviamo di fronte ad una trasformazione del modello culturale di relazione tra le generazioni, dove ai genitori si chiede di "assomigliare" ai figli, di vestire come i figli. Si è passati così dalla famiglia con un "ruolo normativo" in cui si trasmettevano principi morali e norme sociali, alla famiglia "affettiva" orientata a negoziare tutto e a soddisfare i bisogni individuali dei figli, a evitargli frustrazioni e sofferenze. I giovani oggi hanno tutto ancora prima di desiderarlo, ma se eliminiamo il desiderio alla fine ciò che rimane è solo il bisogno. Stiamo sicuramente assistendo ad un'educazione in cui lo stile affettivo tende a predominare su quello normativo tanto da metterlo in secondo piano.

Perché abbiamo allargato il campo a queste considerazioni pedagogiche? Perché nel pensare se mettere al mondo un bambino o rinunciarvi è necessario capire il determinante ed insostituibile ruolo educativo dei genitori. Ogni vita che viene al mondo chiama, appella alla dedizione di un'altra vita perché possa crescere e svilupparsi, e in una società individualista ed anonima diventa più complessa la riscoperta della bellezza di accogliere, accompagnare, accettare e mettersi a servizio con slancio e passione. È però la via più adeguata per operare nella ricerca del bene per tutti e non la via più sbrigativa di rinunciare vuoi alla generazione piuttosto che alla nascita di nuove vite.

E sulla fecondazione assistita?

L'espressione «procreazione medicalmente assistita» (PMA o più comunemente fecondazione artificiale) definisce il complesso fenomeno attraverso il quale si dà luogo al concepimento di un essere umano, non mediante la "naturale" congiunzione fisica di un uomo e di una donna ma, a strumento di particolari tecniche mediche che possono operare all'interno (fecondazione artificiale in vivo) o all'esterno (fecondazione artificiale in vitro c.d. "in provetta") delle vie genitali della donna ed impiegare gameti (fecondazione) ovvero embrioni (maternità surrogata) appartenenti (omologa) o non appartenenti (totalmente o parzialmente eterologa) alla coppia che ne richiede l'accesso. Nel nostro Paese, la procreazione medicalmente assistita trova espressa previsione nella **legge 19 febbraio 2004, n. 40** che, pur disciplinandone gli aspetti essenziali, lascia irrisolte, ancora oggi e nonostante gli interventi correttivi della Corte Costituzionale che ne hanno modificato profondamente l'impianto originario, diverse questioni giuridiche. Aspetti non secondari ai quali hanno cercato di fornire risposta la giurisprudenza e la dottrina più attente, spesso con esiti contrastanti. Di fronte a questa realtà biologica e legale occorre porsi qualche interrogativo e cercarne una risposta. Il diritto alla maternità va protetto sempre, a prescindere dallo stato maritale, dall'orientamento sessuale e, ancora più importante, non solo in caso di sterilità! Oggi realizzare il desiderio, spesso assai avvertito, di maternità è possibile grazie ai numerosi centri medici ed a legislazioni che consentono ad una donna di perseguire il diritto alla maternità, a prescindere da basici fattori biologici e sociali. Ci troviamo davanti a situazioni e desideri molto eterogenei. La società moderna necessita di risposte concrete per ogni situazione, come la maternità in una coppia di donne. Non diventa nemmeno più determinante la coppia eterosessuale, così come il seme maschile del partner piuttosto che un "altro" detto per l'appunto eterologo. Oggi si discute in tutto il mondo di "manipolazione genetica", delle ricerche scientifiche sulle cellule staminali e sulle grandi possibilità verso l'aiuto a chi non riesce ad avere figli, offrendo varie forme di fecondazione artificiale.

Il dibattito verte su alcuni temi fondamentali: il diritto della coppia (o di una singola persona) a procreare e fino a che punto sia da considerare legale assistere e agevolare la fecondazione artificiale, nonché quali limiti debbano eventualmente essere imposti. Proprio nella direzione sopra ricordata della fecondazione eterologa, fino ad affittare un utero altrui per portare a compimento la gravidanza, nella possibilità di usare spermatozoi estranei, nell'affidamento a coppia dello stesso sesso, ecc. ecc. Il tema è ovviamente collegato all'etica della vita o non vita di un embrione e coinvolge anche l'argomento relativo agli aborti. Si comprende la vastità dell'argomento che si correla alle possibilità davvero notevoli, fornite dalla scienza nel tempo attuale. Ci si domanda però fino a che punto la qualità della vita venga rispettata e diremmo curata nella sua pienezza o non piuttosto ridotta ad una pura sperimentazione e manipolazione con l'unico scopo di ottenere un bambino per sé, diciamo pure a tutti i costi. L'abbiamo affermato e corredato di motivazioni filosofiche e bibliche: la vita è sacra, la nascita di un bambino è un dono. Può la non realizzazione di un bisogno legittimo e naturale, sostituire il processo normale attraverso la mediazione dell'unione dei corpi, con quello artificiale? Ciò immediatamente significa non considerare la vita un dono ma una sorte di pretesa nel "volere un figlio a tutti i costi". L'uomo non ha la facoltà di controllare il processo procreativo. Il nesso tra coniugalità, sessualità e riproduzione, non va scisso perché l'atto d'amore è un tutt'uno con l'atto procreativo come stabilito da Dio, nel pieno rispetto delle leggi naturali. La fecondazione assistita invece consente di avere figli fuori dal rapporto sessuale tra i coniugi dando spazio ad una vera e propria ricerca di un partner solo per esigenze biologiche e nella forma eterologa, senza aver costruito un legame d'amore profondo e duraturo e in grado di dare sicurezza educativa al bambino che potrà nascere. Addirittura introduce un donatore estraneo alla coppia scardinando la logica della filiazione (il padre biologico diverso da quello giuridico) rompendo così l'unità della famiglia con conseguenze negative per la crescita ed educazione del bambino. Non si tratta di negare il diritto ad avere un figlio, quanto di accettare una realtà che può comportare la mancanza di fecondità, nonostante le cure, le attenzioni e la volontà di amarsi che la coppia sviluppa nel suo cammino. Sin dalle prime attività terapeutiche svolte mediante la raccolta di gameti e il loro utilizzo per trattare la sterilità, ci si è posti il problema dei possibili rischi legati al danneggiamento degli stessi, alla utilità di standardizzare e registrare le tecniche cliniche e di laboratorio applicate per un controllo degli esiti dei trattamenti e dei possibili errori legati allo scambio di materiale biologico. Trasferire dal corpo umano al laboratorio di embriologia la fecondazione ha indubbiamente determinato, accanto al dibattito bioetico, una crescente attenzione per la sicurezza delle coppie e dei nati, nonché degli operatori.

Il desiderio del figlio

La speranza di avere figli in generale è molto forte. Quando essa è frustrata da problemi di sterilità, la delusione di non poter mettere al mondo figli pesa notevolmente su molte coppie. Il loro dolore merita comprensione e partecipazione. Non sorprende che molti di coloro che vivono la tristezza della sterilità si rivolgano alle nuove tecnologie riproduttive per riacquistare speranza. Tuttavia, insieme al potere di tali tecnologie vi è la responsabilità di decidere se e quando dovrebbero essere usate e come nel rispetto della vita umana fin dal suo primitivo sorgere proprio nello stato embrionale.

La fede in Dio abbraccia ogni dimensione della vita umana. Il potere di procreare è un dono del Signore e dovrebbe essere usato per glorificare Dio e benedire l'umanità. Raccogliamo alcuni spunti dalla Sacra Scrittura. Tra i più importanti citiamo i seguenti:

1. La riproduzione fa parte del piano di Dio (Gn 1:28) e i figli sono una benedizione del Signore (Sal 127:3; 113:9). Le tecnologie mediche che aiutano le coppie sterili, allorquando sono praticate in armonia con i principi biblici favoriscono ciò che la naturale unione della coppia non riesce a realizzare. Si tratta di un sostegno sanitario atto a portare alla fecondazione e quindi in piena linea con il piano divino.

2. L'impossibilità a procreare non dovrebbe costituire un marchio sociale o morale, e nessuno dovrebbe ricevere pressioni per avere figli con o senza assistenza medica. Decidere di usare o di non usare le tecnologie procreative è una questione profondamente personale che deve essere presa in comune accordo da moglie e marito, senza pressioni esterne e senza forzature di nessun genere. Ci sono molte ragioni accettabili, come la salute e le richieste speciali di alcune forme di servizio cristiano (1 Cor 7,32,33 quanto già precisava S. Paolo), che possono portare le persone ad astenersi o a limitare la procreazione.
3. In ogni caso secondo il piano di Dio i figli nascono e hanno il beneficio di essere accolti in una famiglia stabile in cui madre e padre partecipino attivamente. (Ef 6,4; 1Tm 5,8). Per questa ragione, i credenti seguendo la propria coscienza ispirata ai valori cristiani possono cercare la procreazione medicalmente assistita soltanto entro i confini della stabilità dell'unione in coppia, dando la sicurezza al nascituro di essere seguito nella sua crescita. L'uso di terze parti donatrici o addirittura sostituti, presenta un certo numero di problemi oltre che di natura medica più strettamente morale che è meglio evitare. Inoltre, la famiglia e l'identità genetica sono importanti per il benessere dell'individuo. Le decisioni riguardanti la riproduzione assistita devono tenere in considerazione l'impatto su tutto il contesto familiare. Volere il figlio a tutti i costi e spesso senza la responsabilità di un'unione realmente sicura significa un atto unilaterale di possesso di ciò che non può essere posseduta: la creazione della vita. L'abbiamo già più volte presentato nella prima parte, ora rilanciamo questo principio: la vita non è a nostra piena disposizione, semmai ne siamo amministratori, chiamati a prendercene cura ed in questo caso a porre le condizioni perché possa generarsi e svilupparsi.

La vita umana va trattata con rispetto a tutti gli stadi del suo sviluppo. Ben recita il salmo 139:13-16: *Sei tu che hai creato le mie viscere e mi hai tessuto nel seno di mia madre. 14Ti lodo, perché mi hai fatto come un prodigio; sono stupende le tue opere, tu mi conosci fino in fondo. 15Non ti erano nascoste le mie ossa quando venivo formato nel segreto, intessuto nelle profondità della terra. 16Ancora informe mi hanno visto i tuoi occhi e tutto era scritto nel tuo libro; i miei giorni erano fissati, quando ancora non ne esisteva uno"*. Dunque, la nostra formazione, come anche la nostra crescita, la nostra vita, è nelle mani di Dio, senza di Lui siamo nulla! Dio ha progettato tutta la nostra vita prima ancora che noi nascessimo. Nel Suo libro sono stati scritti tutti i giorni della vita di un individuo, quando nessuno d'essi era sorto ancora. Anche quando è in forma di un embrione non sviluppato, Dio ha il nostro futuro tracciato nel suo "libro". Dio non ha bisogno di una traccia scritta, ma l'idea di un libro è utilizzato come un modo rassicurante di parlare della conoscenza e della cura di Dio per il suo popolo. Il bambino che si forma, si sviluppa e arriva alla luce è segno delle meraviglie che Dio ha dato agli uomini, tanto è vero che fin dall'antichità in ogni espressione religiosa si faceva festa e si ringraziava con dei sacrifici il Signore per aver concesso la possibilità di generare. Le opere del Signore sono meravigliose, questo l'autentico credente lo sa bene!

4. La riproduzione assistita richiede sensibilità per il valore della vita umana. Procedure come la fecondazione in vitro richiedono decisioni precedenti circa il numero di ovuli da fecondare e i problemi morali riguardanti la disposizione di ogni altro ovulo fecondato rimasto. Viene dato ai medici e in generale al personale sanitario un potere improprio, non adatto a rendere il dono della vita tale da venire accolto più che prodotto sia pure per il bene di coloro che lo chiedono.
5. Le decisioni riguardanti la procreazione dovrebbero basarsi su un'informazione completa e accurata. Le coppie che stanno considerando l'eventualità della riproduzione assistita, dovrebbero chiedere e ottenere queste informazioni. I professionisti del servizio sanitario hanno per lo meno l'obbligo, anche morale di far conoscere in modo completo la natura dei procedimenti, i rischi emotivi e fisici, i costi, la documentazione dei successi e delle probabilità limitate. In altre parole alla necessaria informazione medica per prevenire rischi sulla salute della coppia ed in specie della donna, è necessario affiancare un più accurato sistema che responsabilizzi le persone a tutto campo sull'argomento per una decisione sempre più cosciente e responsabile.

C'è da sottolineare, però, che altro è parlare di "desiderio del figlio", e altro è pretendere di avere "diritto al figlio". I diritti si riferiscono alle cose che sono oggetto di possesso, non alle persone, che non debbono essere mai possedute. Una coppia ha sì diritto a porre in atto quelle azioni che sono proprie del loro stato col desiderio di avere un figlio. Possono anche chiedere alla medicina di andare incontro alle loro difficoltà per realizzare quel desiderio. Non è però corretto esigere di ottenere il figlio "ad ogni costo". Questa espressione, "ad ogni costo", ci porta alla considerazione del senso di responsabilità che deve guidare sia la richiesta di assistenza alla riproduzione da parte della coppia, sia il tecnico che realizza l'assistenza. In ogni azione umana, la libertà personale va accompagnata dalla propria responsabilità. E questo soprattutto quando quell'azione influisce su di un'altra persona. Sempre che progettiamo una possibile azione, dobbiamo considerare gli effetti che avrà o potrebbe avere sugli altri. E se questo si riferisce agli effetti della nostra azione su una persona già esistente, si riferisce anche, anzi in modo più profondo, sul fatto di dare inizio all'esistenza di una persona. In questo caso noi siamo responsabili del fatto che esista, del modo in cui l'abbiamo fatto esistere, e delle condizioni in cui l'abbiamo posto nel dargli l'esistenza. Non possiamo dunque pretendere di avere un figlio "ad ogni costo". Dobbiamo piuttosto misurare appunto "il costo" che questo comporterà o potrebbe comportare per il figlio desiderato. Dobbiamo innanzitutto cercare il suo bene. Basti pensare se l'azione prevista comportasse la morte di altri esseri umani, o la loro manipolazione dannosa, o se fosse attuata in un modo indegno della persona umana da procreare, dovremmo saper rinunciare al desiderio, nonostante sia, in sé stesso, giusto e nobile. Secondo tutto questo, il problema etico relativo alla riproduzione assistita si pone a due livelli: quello del fine e quello dei mezzi.

Dobbiamo analizzare se il proposito di avere un figlio, in determinate circostanze, è giusto nei confronti del nascituro; e se lo è, dobbiamo chiederci se il mezzo che si vuole utilizzare per raggiungere questo scopo è rispettoso della vita, della salute fisica e psichica e della dignità della persona che si vuol portare in questo mondo. Non esiste in morale cristiana il principio che il "fine buono" giustifichi mezzi che non sono buoni perché producono direttamente effetti negativi. Pensare che per far nascere un bambino di fatto vengono soppressi altri embrioni significa attuare una sorte di "selezione" inaccettabile a livello etico e certamente in contro tendenza con la volontà di rispettare la vita umana fin dal suo concepimento, non solo perché credenti e ispirati al cristianesimo, ma anche come persone in contesto civile. Se l'essere umano è dato dall'unione tra corpo ed anima, tra realtà materiale e spirito, a maggior ragione non siamo padroni e arbitri nel voler stabilire come e quando far nascere una persona. Siamo avvolti nel mistero, nella realtà di essere persone che si mettono in relazione e creano rapporti stabili e qualificati con la natura stessa. Non sarebbe giusto andare oltre ciò che la natura stessa prevede. Qui occorre non dimenticare un vecchio principio secondo il quale se gli uomini talvolta possono perdonare perché dotati di ragione e guidati dalla fede nel Dio misericordioso, ebbene la natura con le sue leggi non perdona, anzi chiunque la viola, l'ignora, intende superarla ha conseguenze dirette sulla sua salute o su quella di altri. In questo caso si va a ricadere su embrioni, esseri viventi in germinazioni che non possono venire soppressi come delle cavie da laboratorio e la stessa salute della donna sottoposta ai numerosi tentativi di inseminazione non ne esce del tutto rassicurante soprattutto sul piano psicologico oltre che fisico.

Criteri di giudizio etico

Sulla base di quanto detto sopra, possiamo allargare la nostra riflessione, che è lo scopo di questo testo, per elaborare alcuni criteri verso un giudizio etico serio nel discernimento delle diverse tecniche di riproduzione assistita. Non è il caso di trattenerci a presentare o difendere questo criterio di giudizio, valido per qualunque azione umana. Nel considerare le diverse tecniche di riproduzione assistita dobbiamo anzitutto chiederci se rispettano in modo completo la vita umana. Evidentemente, ci riferiamo alla vita degli embrioni o feti che risultano dalla assistenza nella riproduzione. Non possiamo neanche trattare qui il tema dell'identità dell'embrione umano. Diciamo solamente che l'embriologia moderna ha mostrato come l'embrione sia dal momento della fecondazione un nuovo e unico individuo della specie umana, che si sviluppa in modo del tutto autonomo, grazie alla completa informazione genetica che porta nel suo genoma; e come nel suo sviluppo non ci sono salti di qualità per i quali si possa dire che si tratta di un individuo a partire da un determinato momento (come il famoso "quattordicesimo giorno") e invece prima fosse un essere di entità diversa. Una tecnica, dunque, che preveda come parte del suo "iter" la distruzione o la perdita di embrioni, o la loro manipolazione a rischio, o che provochi una quantità di aborti spontanei o di feti malformati… è una tecnica che non può essere eticamente accettata. Non si può provocare la morte di un individuo umano per ottenere un altro individuo umano. Esiste un principio di morale che nel corso dei secoli ha sempre guidato la riflessione e citandolo in latino: *"Bonum est diffusivum sui, malum quomunque defectu - il bene è auto diffusivo male e ogni difetto"*. Per qualcuno questo non sarebbe un problema etico, in quanto anche dopo la fecondazione naturale avvengono degli aborti spontanei. Ma altro è che qualche male avvenga in modo imprevisto ed inevitabile, altro è provocare volontariamente, quindi direttamente una situazione che necessariamente produce quel male. Facendo un esempio: è vero che purtroppo avvengono degli incidenti stradali, altro è porre le condizioni che portano a questi incidenti, quali trasgredire in modo consapevole le più elementari regole di circolazione e di messa in sicurezza della viabilità. Di questi comportamenti noi siamo responsabili, specie se deliberati e pianificati. Il fine della procreazione diviene guida nella vita coniugale offrendo, attraverso l'unione dei propri corpi nel contesto di volersi amare con la responsabilità della generazione. Non è invece un diritto assoluto volere il figlio come fosse indispensabile per sé stessi. È invece necessario favorire un ambiente adatto alla sua normale crescita umana. Volere un figlio quando non gli si può offrire una famiglia è un atto che rasenta la volontà di potenza personale, un gesto unilaterale di affermazione del proprio io. Una forma di libertà assoluta che non tiene in considerazione nessuna norma dettata dalla natura così come dalla morale fondata sulla persona, come abbiamo presentato raccogliendo il pensiero dei vari filosofi del novecento oltre che nella S. Scrittura.

Cercare il bene completo

Occorre al riguardo rispettare il bene integrale di ogni individuo umano; e tra i diversi fattori del suo bene c'è quello della sua integrità psico-sociale, dell'armonia del suo sviluppo nella sua identità psichica personale e nel suo rapporto con gli altri. Orbene, è chiaro che non siamo tenuti solamente a non recare danno all'altro qui e ora; dobbiamo anche evitare tutto ciò che potrebbe seriamente danneggiarlo in futuro, in quanto ci è possibile prevederlo. È' immorale porre volontariamente un bambino in una situazione tale che possa creare in lui un trauma più o meno inconscio che si manifesterebbe più avanti nel corso degli anni. Utilizzando una tecnica di riproduzione assistita si diventa responsabili degli effetti che saranno prevedibilmente causati dalle circostanze in cui avverrà il concepimento, la crescita e l'educazione del nascituro. In tale direzione sarebbero da escludere pratiche che possono compromettere seriamente il senso di identità del bambino, o che gli impediranno di conoscere entrambi i suoi genitori e di venire educato in un ambiente familiare sereno, preoccupato principalmente della sua crescita, anche nella dimensione psicologica. È vero, come rilevano alcuni specialisti, che anche nel caso dell'adozione di un bambino, non si svilupperà nelle circostanze che gli sarebbero più propizie. Avrà comunque una ricerca delle proprie origini, della coppia biologica che può arrivare a mettere in crisi il rapporto con i genitori adottanti. Ma, anche qui, una scelta è accogliere un bambino senza famiglia, un'altra ben diversa è provocarne la sua mancanza fin dalla nascita, con la sostituzione delle figure dei suoi genitori veri, e farlo nascere in maniera programmata al di fuori della relazione naturale. Il rispetto della dignità della persona nella sua origine è senza dubbio il criterio più difficile da cogliere. Gli altri si riferiscono al rispetto del bene dell'altro in qualche cosa di "tangibile" come è la sua integrità fisica o quella psichica.

Qui invece riflettiamo su una realtà meno evidente ma non meno importante. Tutti capiamo che è possibile realizzare delle azioni che non sono rispettose della persona umana, anche se non recano un danno né fisico né psichico all'individuo. Potremmo immaginare, per esempio, certi comportamenti di "manipolazione" sessuale nei confronti di un bambino che implicano una mancanza di rispetto nei suoi riguardi. Anche se non comportassero nessun danno fisico o psichico per lui (forse nemmeno se ne renderebbe conto dell'accaduto o del suo significato), comprendiamo che si tratterebbe di mancanza di rispetto della sua dignità. Il rispetto della dignità della persona passa o meglio inizia dal rispetto della sua origine, del modo in cui la persona è portata all'esistenza. La persona non è e non deve mai essere trattata come un oggetto. Neanche nel momento di volere e procurare la sua esistenza. La persona deve essere concepita solamente come frutto di un gesto di "procreazione". Deve essere sempre "generata", non "fatta". L'azione non ha lo scopo di realizzare un prodotto. Il soggetto non causa direttamente, non determina il risultato del suo comportamento anche se, prevedendone le conseguenze, ne è anche responsabile. Il soggetto pone solamente, col suo agire, delle condizioni che possono dare un risultato. La sua azione non mira alla produzione del risultato, che non è un suo prodotto. Il rapporto tra lui e il risultato non è quello del possesso; lui non ne è padrone, non ne ha il dominio. Ogni azione sanitaria tendente a favorire il rapporto di coppia, a permettere la fecondazione è senza dubbio in piena armonia con la generazione della persona. Quindi gli studi condotti per favorire e superare problematiche relative al rapporto di coppia sono sicuramente da approvare e sostenere nell'insieme delle tante conquiste del sapere scientifico.

Dialettica scienza e scientismo

Qui sarebbe bene fare un distinguo tra la scienza e lo scientismo. La differenza principale tra scienza e scientismo è che la scienza è lo studio della natura e del comportamento delle cause naturali e della conoscenza ottenuta attraverso di esse, mentre lo scientismo è l'opinione che solo la scienza può rendere la verità sul mondo e sulla realtà. La scienza è sistematica e logica della struttura e del comportamento del mondo fisico e naturale attraverso l'osservazione e l'esperimento. Sebbene il termine scientismo sia legato alla scienza, ha due significati di base; può riferirsi a una visione filosofica del mondo, nonché all'uso eccessivo o errato della scienza e delle affermazioni scientifiche. Entra in questa direzione di pensiero ispiratore il positivismo tipicamente ottocentesco che ha portato con sé il grado di conoscenza scientifica legata alla misurazione di tutti i fenomeni naturali con l'intento di trovarne una spiegazione. Una componente di questa corrente, ripresa poi nelle varie scienze, è il volgersi a ricerche accessibili all'intelligenza umana, con esclusione dei misteri impenetrabili di cui si occupava la filosofia detta metafisica. La scienza impiega un metodo descrittivo, che pone al centro la descrizione dei fatti e l'individuazione delle leggi che spiegano le relazioni costanti tra i fatti stessi. Il metodo della scienza viene esteso a tutti gli ambiti del sapere. È tipico del positivismo sia un atteggiamento laico nei confronti della realtà, che può quindi venire spiegata senza il bisogno di ricorrere a Dio e a principi metafisici, sia una grande fiducia nel progresso del sapere scientifico. Le scoperte del XIX° secolo e le tante innovazioni tecnologiche hanno portato a ritenersi in grado di riformare la società e migliorare in generale la vita dell'umanità. Nascono in questi anni la sociologia e la psicologia come scienze. C'è quindi uno stretto rapporto tra scienza e società, un rapporto che fa divenire scienze anche alcune discipline prima ritenute scientificamente inutili: il fondamento della scienza rimane, comunque, sempre la matematica ed il metodo induttivo della sperimentazione. Inoltre si tende all'utile, in contrapposizione a ozioso; indica cioè il carattere pragmatico della nuova impostazione, rivolta al miglioramento della condizione dei singoli e della società. Un'associazione che non vaglia con obiettività, ma che irride **con superficialità illuminista** ciò che non è in grado di comprendere. Si vuole così portare anche il tema della vita, di per sé inaccessibile nella sua pienezza, alla scienza stessa a completa signoria diciamo "scientifica". Non ci vuole molto a passare verso la "produzione" del bambino fino a programmarne la nascita e magari in un futuro non lontano anche nelle caratteristiche somatiche e intellettive.

Produrre o accogliere?

Un rischio elevato che va a interessare la genetica e diviene un capitolo, che qui non sviluppiamo, ma che sicuramente incide sul rispetto della persona nella sua unicità ed irripetibilità, appunto non siamo degli oggetti costruiti su un progetto ingegneristico. Siamo in presenza di vita umana con lo stesso principio che ogni individuo ha una madre. quell'insieme di cellule, si possa considerare il principio che ogni creatura è perfettamente formata come individuo dalla madre che lo ha generato. Un essere umano nasce fragile e bisognoso d'aiuto perché la sua evoluzione verso l'indipendenza è lenta e progressiva e richiede un lungo periodo di formazione o "svezzamento" per raggiungere la propria indipendenza.

Prima del parto è già presente una "promessa" di vita umana indipendente, ma non abbiamo ancora una vita autonoma e questo fa una grande differenza. La scienza non sostituisce ciò che la natura, il piano divino ha stabilito: generare, nascere e crescere sono atti pienamente umani non delegabili ad equipe mediche o laboratori dove si tende a costruire non ad accogliere ciò che rimane sempre dono, offerta gratuita: la vita. Questo per affermare come in ogni azione umana, e concretamente, in ogni applicazione della scienza e della tecnica, c'è responsabilità. È quindi necessario considerare le conseguenze e i significati del nostro operare, per agire sempre nel rispetto di ogni essere umano, soprattutto nel rispetto di colui o coloro che possono soffrirne le conseguenze. E questo sia riguardo alle persone già esistenti, sia riguardo al fatto stesso di dare ad una persona l'esistenza. È vero che oggi tutto sembra realizzabile per l'enorme sviluppo delle tecnologie e dei mezzi digitali in grado di velocizzare e lavorare quasi senza l'apporto umano. È altrettanto vero però che il cammino della civiltà umana non può passare sopra l'uomo, o addirittura contro di esso.

Sperimentare sulla vita?

Se prendiamo quanto avvenne in Cina. Il 25 novembre 2018, infatti, lo scienziato cinese He Jiankui ha annunciato la nascita, avvenuta all'inizio del mese, di due bambine: la loro particolarità? Essere geneticamente modificate. È stato il primo risultato di un esperimento condotto dal ricercatore e dal suo team della Southern University of Science and Technology di Shenzhen basato sull'utilizzo di CRISPR/Cas9 con lo scopo di rendere i soggetti immuni a particolari malattie. Più precisamente è stato inattivato il gene Ccr5, che codifica per una proteina considerata la "porta d'ingresso" per l'Hiv, rendendo di fatto gli embrioni resistenti al virus. Esattamente due mesi dopo, sempre dalla Cina sono arrivate le prime notizie sulle cinque scimmie nate a seguito di clonazione. Per la prima volta è stata usata la stessa tecnica utilizzata per la pecora Dolly ma stavolta su primati. Il genoma prima della clonazione è stato modificato con la stessa tecnica delle due gemelline, stavolta per studiare le reazioni degli organismi alle variazioni dei ritmi circadiani. Le scimmiette sono state rese insonni a seguito dell'attivazione del gene Bmal1. Non solo ma è stato pubblicato online il video dello scienziato, che ha scatenato un acceso dibattito nella comunità scientifica: alcuni esperti avevano sollevato dubbi sulla presunta svolta, mentre altri la descrissero come una nuova forma di eugenetica. Un aspetto inquietante - oltre al fatto che la stessa università si è detta completamente all'oscuro dei test effettuati dal team - riguarda inoltre le modalità in cui è stato effettuato l'esperimento: la modifica del Dna non sarebbe infatti riuscita in uno degli embrioni ottenuti nella Southern University of Science and Technology di Shenzhen, ma i ricercatori avrebbero deciso comunque di impiantarlo. In pratica, gli scienziati sarebbero stati a conoscenza del fatto che non erano state alterate entrambe le copie del gene. «*Almeno una delle gemelle sembra essere un patchwork di cellule*», ha commentato a questo proposito il genetista americano George Church, dell'università di Harvard (da Avvenire del 30 dicembre 2019). Non ha molta importanza la conclusione della vicenda con la condanna dello scienziato a tre anni di carcere ed una multa di 3 milioni di yuan (l'equivalente di circa 384 mila euro). Da questi fatti si sono sollevate non poche reazioni a pro e contro mettendo in evidenza come uno sviluppo senza controllo della scienza genetica possa condurre verso derive assai pericolose fino a voler arrivare a formare, ossia costruire in laboratorio una specie di "razza umana" perfetta, pressoché "inattaccabile" a diversi patologie o facilmente manovrabile perché più debole anche sul piano intellettivo. Sembrano discorsi di fantascienza, o almeno da riservare a lavori cinematografici dove la realtà viene resa spettacolo per il pubblico.

Sì occorrono, come molti scienziati hanno affermato, delle linee guida a livello internazionale, ma come si può immaginare diventa assai difficile regolare una materia come questa spesso tenuta nascosta. Ora avendo evidenziato alcuni ragionamenti al riguardo diventa preziosa la base fondamentale da cui partire: l'indisponibilità della vita umana di cui il corpo è custode e nello stesso momento fruitore. Certamente sul corpo si possono pensare allo stato attuale cure davvero prodigiose, l'abbiamo già evidenziato nella prima parte, ma purtroppo anche immettere delle tecniche che sono vere e proprie manipolazioni in grado di condurre ad uno stato di vita fuori dal normale decorso naturale, fino a voler "forzare" la natura stessa. La nascita come la conclusione della vita sono momenti nei quali la parte scientifica ha il compito di accompagnare, sostenere e spesso ideare cure appropriate senza però mai sostituirsi a ciò che supera le sue possibilità, sempre comunque limitate e tendenti al bene non di un corpo, ma di tutta la persona nella sua completezza. Anzi nel caso della procreazione assistita di una coppia, di una famiglia, di un nucleo, davvero indispensabile poter permettere ad una nuova creatura di crescere e educarsi alla vita, principio che abbiamo più volte ribadito. Nello stesso tempo rinnoviamo la necessaria alleanza tra la scienza a servizio della vita e la procreazione favorita in ogni modo nella prima fase generativa nonché nell'accompagnamento e sviluppo della vita. Non certamente con le forme di chi "sperimenta" apparentemente per il bene della salute facendo del corpo solo un modulo sul quale cimentarsi. È il rischio di scienza divenuta scientismo e della persona trasformata in una macchina su cui operare.

Vogliamo a questo riguardo riprendere il pensiero di un filosofo del XVIII° secolo La Mettrie. Nel procedere, il suo pensiero è stato ripreso nelle correnti positiviste dell'Ottocento. Ebbene nell'uomo e fuori dall'uomo esiste una sola causalità, ed è quella meccanica. L'"*Uomo macchina"* è il suo elaborato, viene letteralmente costellato di riferimenti meccanici e di accostamenti dell'essere umano a una macchina, in particolare a un orologio: «*domandare se la materia può pensare, considerandola solo in se stessa, equivale a domandare se la materia può segnare le ore»; ancora, l'organismo è «un meccanismo che monta da sé le sue molle» e «il corpo non è che un orologio di cui il nuovo chilo è l'orologiaio*»; un orologio che è talmente perfetto da poter procedere anche quando una o più delle sue parti si guastano: «*il corpo umano è un orologio, ma immenso e costruito con tanto artificio ed abilità che se la ruota adibita a indicare i secondi si ferma quella dei minuti continua a girare e a compiere il suo corso, ed anche la ruota dei quarti d'ora continua a muoversi come pure le altre, anche quando le prime, arrugginite o disturbate da una causa qualsiasi, hanno interrotto il loro cammino*». Il costante ricorso a metafore di tipo meccanico non impedisce, tuttavia, a La Mettrie di far valere una «*immagine energetica dell'essere vivente*»: l'autore, infatti, intende la natura nel suo complesso come una materia percorsa da forze sue proprie e l'uomo come un orologio a cui sia stata fornita una carica in grado di determinare il movimento degli «spiriti animali» (retaggio cartesiano) che «*vanno macchinalmente ad animare i muscoli e il cuore*» (La Mettrie, *L'homme machine*, 1748; tr. it. *L'uomo macchina*, in ID., *Opere filosofiche*, Laterza, Roma 1992., p. 215.222.226). Nel testo citato egli si dichiara contrario ad ogni tipo di metafisica e sostiene che enti e principi spirituali siano inutili. Per l'autore l'uomo è un "apparato meccanico", una vera e propria "macchina". Anche l'anima, in quanto sorgente vitale dell'uomo, è definita un semplice "principio di movimento". A questa riduzione meccanica del corpo si rischia di cadere nel dare alle scienze il dominio sull'uomo, sempre più parte di un sistema dove impera solo tutto ciò che si può conoscere con i sensi o dimostrare con esperimenti scientifici di carattere empirico.

Capitolo Quarto

Verso un'antropologia cristiana

Qui è davvero necessario avere una connessione personale con Dio. Questo significa essere sintonizzati con la volontà e le indicazioni divine, anche se vanno contro talvolta ad un comune modo di pensare, ma a salvaguardia della dignità della persona. Da qui saper prendere con responsabilità le proprie decisioni. Tutto quello che si fa, va fatto per fede. Significa aver fede, obbedienza al Dio Onnipotente, colui che dona e che prende la vita, il Giudice giusto, che ha un amore imperscrutabile ed una cura per ogni singolo. Ogni vita ha un fine: per la madre, il bimbo che deve nascere e per chiunque sia coinvolto. Vivere non è solo respirare e svolgere le funzioni biologiche essenziali, significa invece aprirsi verso l'infinito, cercare il significato del proprio esistere in Colui che è la pienezza d'ogni vita; il principio ispiratore di ogni decisione. Per questo motivo ogni decisione presa insieme in questo modo fa comprendere quanto nel nostro agire occorre tenere conto dei segni e dei messaggi che provengono da Dio stesso seguendo quelle leggi della natura che sono l'espressione del nostro appartenere alla terra e ad essa tornare. Certo migliorare le condizioni di vita e poter superare malattie un tempo non guaribili è un traguardo prezioso. Non dimentichiamo però il metodo nel quale per un fine buono, giusto, doveroso i mezzi per raggiungerlo devono essere altrettanto adeguati e coerenti: rispettare la persona nella sua interezza è non solo dovere morale ma parte indispensabile della deontologia medica, disattenderla espone e gravi rischi in un campo oggi più che mai molto variegato. È evidente che progresso deve andare di pari passo con la piena riscoperta del valore della persona umana. Il corpo non è un oggetto da manipolare senza ritegni etici, così come la vita da far nascere non diventa una sorte di cultura di laboratorio. Rischiamo una società non più a misura d'uomo, un mondo dove il sopravvento è dato dalle macchine, dalle alte tecnologie ed in generale dai protocolli medici. L'avevamo già accennato nella prima parte: il centro di ogni intervento è il bene della persona nella sua integralità: corpo, mente, storia, contesto sociale e familiare. In parole dirette: il medico faccia il medico, ogni persona sia più responsabile di sé stessa e consapevole delle cure somministrate. Nel caso della procreazione assistita è più che mai necessaria la consapevolezza dei rischi cui si espone la coppia ed in particolare la donna quando si sottopone alle pratiche di fecondazione artificiale nelle sue varie forme. Informare non si limita a descrivere le tecniche e salvaguardare dagli effetti collaterali di farmaci e terapie varie, quanto far comprendere i valori in gioco.

Più che mai accanto al medico occorre la figura di un consulente etico, una persona qualificata per entrare in dialogo con le persone che intendono seguire questa strada rendendoli consapevoli non solo dei rischi per la salute ma degli aspetti più direttamente morali delle loro scelte. La Chiesa è favorevole alla ricerca e all'uso delle cellule staminali adulte, da adulto vivo ad adulto vivo, che del resto finora hanno avuto effetti promettenti. La morale cattolica invece è contraria alla manipolazione di embrioni umani per l'estrazione di cellule staminali embrionali, perché questo atto a) lede la dignità dell'embrione, autentico essere umano fin dal concepimento e non semplice pezzo di ricambio per gli adulti, e b) produce un essere umano attraverso la fecondazione in vitro, pratica che non porta a favorire l'unione delle persone attraverso i rapporti intimi seguendo la legge naturale. La Chiesa maestra nel proteggere ogni espressione di umanità e a tutela dei diritti dei nascituri, indica una differenza tra procreazione assistita e fecondazione artificiale. Più che mai se il mezzo utilizzato facilita l'atto coniugale o lo aiuta a raggiungere i suoi obiettivi naturali, può essere moralmente accettato. Se, al contrario, l'intervento si sostituisce all'atto coniugale è certamente inadatto ad esprimere il valore della persona sia che genera sia del nascituro. Alla luce dell' antropologia cristiana diventa pienamente intelligibile il criterio generale per giudicare la accettabilità etica di una certa tecnica di procreazione artificiale, formulato nella sua sostanza da Pio XII nel 1949 e riproposto da Donum Vitae, che «*il mezzo tecnico non deve essere sostitutivo dell'atto coniugale, ma deve configurarsi come una sua facilitazione o aiuto affinché esso raggiunga il suo scopo naturale*» (D.V.2) La norma morale si fonda sulla persona, perché il bene da perseguire o conservare è un bonum humanum, il bene colto dalla persona e nella persona come apertura alla piena autorealizzazione. Nell'ambito della trasmissione della vita umana, il bonum humanum essenziale e irrinunciabile è il rispetto del legame fra la procreazione e l'amore incarnato dei coniugi, unico contesto degno per il sorgere della persona. Le tecniche artificiali in forma stretta oscurano il senso e la dignità del procreare perché si sostituiscono ai genitori in quell'atto squisitamente umano che è il procreare così che, pur essendo efficaci dal punto di vista dell'effetto conseguito, si rivelano alla fine disumanizzanti. Tuttavia, già nel 1949 Pio XII sottolineava che il giudizio negativo sulla fecondazione artificiale non esclude «*il ricorso a mezzi artificiali (moyens artificiels) destinati unicamente a facilitare l'atto naturale o a procurare ad un atto normalmente compiuto il raggiungimento del fine naturale*» (Pio XII, Discorso al IV Congresso dei Medici Cattolici, in AAS 41 (1949), 560; cfr. Congr. Dottr. Fede). Nei documenti magisteriali e in molta letteratura cattolica il termine artificiale va inteso in un senso più preciso: artificiale indica tutto ciò che, con qualunque tipo di tecnologia, convenzionale o innovativa, si sostituisce al naturale, prendendo naturale in senso non "fisicista" ma "personalista", come quell'insieme di realtà e dinamismi che concorrono a strutturare la persona nella sua multidimensionalità corporea e spirituale. In altre parole il rapporto tra due persone che si sono scelte, si amano, intendono assumersi la missione educativa di accogliere e far crescere un figlio è primaria nell'etica di vita. Conseguentemente il momento generativo non può venire sostituito, sia pure per il fine della fecondazione, da forme che sono solo supporti tecnici senza il concorso diretto e autentico dell'unione fisica. I due saranno una sola carne e aperti alla vita. Non è solo questione dell'insegnamento della chiesa, madre e maestra, ma di coerenza con il quadro naturale e nello spirito di sapersi amare anche accettando dei limiti che la natura stessa può portare con sé. Qui, come già visto, rientra il discorso della scienza quale alleata e non sostitutiva della dignità e della moralità di ciascuno. Siamo in un crescendo di soluzioni mediche che hanno portato ad un progresso notevole dell'umanità, anzi hanno permesso un allungamento delle speranze di vita, così come hanno diminuito, almeno nei Paesi Occidentali, la mortalità infantile, terribile realtà di qualche generazione or sono. Bene questi interventi sicuramente meritevoli d'ogni considerazione benefica per l'umanità non devono andare a scontrarsi con una medicina tendente a voler superare quello che in natura è praticamente impossibile vincere: la programmazione di un figlio alla stregua della programmazione di un evento. Non dobbiamo adagiarci a queste operazioni, davvero di stampo scientista, illudendosi che tutto si possa risolvere con le varie tecniche procreative assistite per avere il figlio a "tutti i costi". Sempre più ci si accorge della mentalità immanente, ossia del pensare solo alle realtà terrene senza un orizzonte più ampio, senza l'apertura all'oltre se stessi. Il mistero della vita costituisce un forte richiamo ad alzare lo sguardo, ad aprire l'animo verso l'infinito nel quale si può ritrovare significato e valore all'esistenza stessa.

La debolezza è nostra forza

Il paradosso della nostra forza è anche la nostra debolezza, e viceversa. La coscienza, insomma, racchiude tutta la dignità umana, qualcosa di unico e speciale che per Pascal, filosofo e matematico del XVII° secolo, va devoluto alla ricerca ponderata, tra ragione e sentimento, della vita verso Dio. Ferma è da parte sua la condanna della vita dedita ai divertimenti e alla vanità («*non nella durata e nello spazio che non sapremmo riempire*»), tutti moti di inutile irrequietezza, che ci distraggono dalla statica postura che si addice a una vita appartata, nel silenzio e nello studio. **Le distrazioni ci impediscono di vedere esposta la nostra fragilità**, ma anche di dare degno svolgimento a quella facoltà così unica che solo gli umani detengono. Vorremmo qui citare a riprova di queste riflessioni il pensiero di questo noto filosofo come sintesi ai nostri ragionamenti. Ebbene Blaise Pascal così scrive a proposito dell'uomo: «*L'uomo non è che una canna, la più fragile di tutta la natura; ma è una canna pensante. Non occorre che l'universo intero si armi per annientarlo: un vapore, una goccia d'acqua è sufficiente per ucciderlo. Ma quand'anche l'universo lo schiacciasse, l'uomo sarebbe pur sempre più nobile di chi lo uccide, dal momento che egli sa di morire e il vantaggio che l'universo ha su di lui; l'universo non sa nulla. Tutta la nostra dignità sta dunque nel pensiero. È in virtù di esso che dobbiamo elevarci, e non nello spazio e nella durata che non sapremmo riempire. Lavoriamo dunque a ben pensare: ecco il principio della morale*». (B.Pascal, Pensieri, n. 251, ed. Mondadori, Milano 1989). L'uomo è un paradosso, secondo Pascal, definito dalla sua aspirazione all'infinito, alla felicità, al tutto e dal suo limite, la sua fragilità, la sua finitezza. Potremmo dire che la filosofia di Pascal è una filosofia dell'*et et*, e non dell'*aut aut*, per riprendere il linguaggio kierkegaardiano, l'uomo ondeggia tra il desiderio di conoscere tutto e l'ignoranza, tra il volere tutto e il volere nulla, non è l'essere, ma neppure il nulla, uno *status* di continua insoddisfazione che Schopenhauer definirà con la metafora del pendolo. L'uomo ha una facoltà che non è data agli altri esseri viventi, quella di percepire sé all'interno del mondo, della natura, degli spazi smisurati dell'universo e del cosmo e di cogliere la sproporzione tra il proprio io piccolo e la maestà e grandezza (che sembra infinita) di quanto ci circonda. L'uomo percepisce la distanza tra l'angusto limite temporale nel quale ci è dato vivere e il tempo degli astri e dell'universo e, ancor più, l'eternità che non riusciamo neanche a pensare! Di fronte alle domande **esistenziali** la scienza sperimentale è del tutto impotente, perché essa trova nel suo metodo, quello sperimentale, la sua forza ma anche i suoi confini: può lavorare solo su realtà fisiche, tangibili, misurabili empiricamente, non certo sul pensiero, sulla volontà soggettiva, che pure fa parte dell'esperienza, e nel senso più alto. Occorre porre attenzione a non fare delle scoperte scientifiche, specie in campo medico, una via verso il delirio di onnipotenza che sembra aver attrazione per il semplice fatto che la sfida della malattia piuttosto che della vecchiaia e dell'inesorabile fine della vita sembra vittoriosa. In realtà è un'illusione, anzi un miraggio. Solo accettandosi con le leggi naturali in cui siamo immersi e di cui non possiamo fare a meno si ha la possibilità di un cammino di liberazione, non dalla malattia o dal timore della sterilità, quanto dalla capacità di affrontare queste situazioni con l'animo elevato, con la mente lucida nella consapevolezza dei nostri limiti. Sì vale sempre quanto abbiamo affermato: non è la sofferenza in sé che distrugge, quanto la solitudine relazionale, l'abbandono, il senso di sconfitta che avvolge la persona che non si sente amata, non ha stimoli e attenzioni adeguate da parte di altri per affrontare i momenti complessi quali la sofferenza fisica e morale. Accettarsi per quello che siamo stimola, a lottare per migliorarci e, nel caso di mancanza di figli, per pensare (uomo è ciò che pensa…) altre forme con le quali vivere la genitorialità. Oggi tra l'altro la solidarietà verso Paesi Emergenti può trasformarsi in opportunità di accogliere, anche mediante l'adozione e l'affido, bambini privi di una famiglia o da essa dimenticati o addirittura posti nella custodia di servizi sociali, in forme di comunità. Come dire che le vie della solidarietà partono dal desiderio di donare, dalla volontà di accogliere e dal bisogno di trasmettere amore piuttosto che volere in modo unilaterale e utilitaristico il figlio al di là dei mezzi utilizzati. Si tratta di promuovere la cultura umanistica del dare piuttosto che la pretesa, in nome della scienza e fare di questa il mezzo per favorire ciò che in via naturale sembra non realizzarsi. Ne può conseguire l'impegno per la cura della vita umana fin dal suo concepimento attraverso strumenti quali i centri di aiuto alla vita, i consultori, gli enti di volontariato internazionale e l'informazione puntuale e aggiornata su tutto ciò che può favorire lo spirito di solidale disponibilità verso bambini bisognosi di essere accolti, amati, accompagnati nel cammino della vita.

Sulla maternità surrogata

La maternità surrogata consiste nel far portare avanti a una donna la gestazione e il parto di un bambino per conto di qualcun'altro. La madre surrogata conduce la gravidanza e partorisce il bambino per poi affidarlo ad altre persone che ne diventeranno i genitori per diritto. Le ragioni per cui questi genitori scelgono di rivolgersi ad una donna per la surrogazione di maternità possono essere diverse. Il programma di maternità surrogata - spesso definita anche "utero in affitto" - non è consentito dappertutto. In Italia la maternità surrogata è una pratica penalmente condannata. Infatti, la legge n.40/2004 all'art. 12 comma 6 del capo V° dichiara: "*chiunque, in qualsiasi forma, realizza, organizza o pubblicizza la commercializzazione di gameti o di embrioni o la surrogazione di maternità è punito con la reclusione da tre mesi a due anni e con la multa da 600.000 a un milione di euro* ". Come avviene? La portatrice gestazionale - ossia la madre surrogata, detta anche "gestante d'appoggio" - è una donna che per sua libera scelta decide di portare avanti la gravidanza per conto di altri. La coppia o il singolo che decidono di rivolgersi a questa donna per avere un bambino (spesso perché non riescono in altra maniera) sanciscono un contratto denominato "surrogazione gestazionale", il cui contenuto varia in base alla legge del Paese in cui viene effettuata. Ad ogni modo, secondo la legge viene sempre sancita la rinuncia da parte della madre surrogata al bambino, che verrà affidato ai genitori (o al genitore) che le ha richiesto la gestazione subito dopo la nascita.

Nella trattazione dell'argomento è necessario rimettere al centro della discussione anche i bambini, già dal momento del concepimento. Essi, da oggetto di diritto, devono tornare soggetti di diritto. Il concepito non può essere considerato una res. Con l'utilizzo di questa tecnica vi è il fondato rischio di ledere, sotto molteplici aspetti, i diritti dei più deboli, degli indifesi, di coloro che non possono parlare in propria difesa, dei bambini, fin dal momento del concepimento. Si vuole favorire un ribaltamento di prospettiva, il bambino non come oggetto, ma come soggetto di diritto. Così facendo, si vuole aggiungere un tassello dirimente per una più approfondita analisi e un più completo studio bioetico della maternità surrogata. Questo significherebbe svilire il valore della relazione che madre e figlio vivono nei nove mesi di gestazione. La maternità surrogata non può nemmeno essere ridotta, come ritengono alcuni bioeticisti, alla semplice donazione di un organo, perché l'utero, diversamente da un rene o un polmone, esiste per contenere un'altra vita e non ha altra funzione se non quella. Siamo convinti che basterebbe poi una consultazione pubblica nei vari Paesi europei per capire che la maggioranza della popolazione è contraria, almeno ad oggi, alla pratica. Ammettere la maternità surrogata significa non riconoscere la vera funzione della maternità e disgiungerla anche dal dolore e dai rischi che comporta, come la nascita pretermine o la morte perinatale o il morire di parto. Dall'altra parte anche la gioia di aver portato a conclusione la gestazione ed avere un figlio proprio, frutto dell'amore di una coppia e del desiderio reciproco di accoglierlo fin dal tempo della gravidanza, permette l'autentica educazione per essere genitori. Lungi dall'essere un gesto individuale, questa pratica sociale è realizzata in alcuni luoghi da imprese che si occupano di riproduzione umana, in un sistema organizzato che comprende cliniche, medici, avvocati, agenzie, etc. Questo sistema ha bisogno di donne come "mezzi di produzione", alla stregua delle macchine, in modo che la gravidanza e il parto diventino delle procedure funzionali, dotate di un valore d'uso e di un valore di scambio, e si iscrivano nella cornice della globalizzazione dei mercati che hanno per oggetto il corpo umano. Se nessuna legge lo protegge, il corpo delle donne è richiesto in quanto risorsa a vantaggio dell'industria e dei mercati della riproduzione. Certe donne, anche perché in ristrettezze economiche e talvolta culturali, acconsentono ad impegnarsi in un contratto che aliena la loro salute, la loro vita e la loro persona, sotto pressioni multiple: i rapporti di dominazione famigliari, sessisti, geopolitici. Infine, la maternità surrogata fa del bambino un prodotto con valore di scambio, in modo che la distinzione tra persona e cosa viene annullata. Il rispetto del corpo umano e l'uguaglianza tra donne e uomini devono prevalere sugli interessi particolari.

La posizione di un artista

Egidio Termine, regista de "Il figlio sospeso", film sulla maternità surrogata, afferma in un'intervista: *"Intanto mi oppongo ad un fatto storico che sta avvenendo da un punto di vista sociologico: il passaggio dall'umanesimo al post-umanesimo che vuole vedere e rielaborare la stessa antropologia umana. Da un punto di vista scientifico, filosofico ci si inventano delle teorie ma, purtroppo per loro, ci si scontra sempre con quella che è la natura dell'uomo, la vera antropologia dell'uomo, quasi a volere forzare un sentimento che mai potrà morire. Questa ricerca c'è sempre: una mamma sa sempre e comunque che da qualche parte ha un fig*lio". Il suo stesso lavoro cinematografico affronta con realismo e chiarezza l'argomento con il protagonista nel cosiddetto viaggio dell'eroe. La sua ricerca di identità tra la madre biologica e quella sociale, conduce Lauro personaggio protagonista, alla conquista di quella libertà personale che è possibile soltanto attraverso lo svelamento della verità. Soltanto la verità infatti può rendere liberi e guidare a scelte consapevoli. Il passato è narrato attraverso i due punti di vista delle madri. Il regista vi immette il piano immaginario, che trova sede nella mente di Lauro. È, infatti, in questa sfera surreale che si manifesta il desiderio intimo del protagonista di appropriarsi della propria identità attraverso la conoscenza della verità negatagli fin dall'infanzia, complice nel film, anche la prematura morte del padre in un incidente, quando era molto piccolo. È solo quando si approprierà della verità che diventerà un uomo davvero libero, realizzando quel desiderio inconscio di cui non aveva fino a quel momento consapevolezza. Certamente un argomento anche nella trattazione di un regista che fa riflettere sulla nostra vera identità e su chi è veramente il genitore da cui proveniamo. Coloro che approvano e ricorrono alla maternità surrogata dovrebbero a loro volta riflettere sul particolare legame del cordone ombelicale e sull'importanza della conservazione del cordone stesso. Non è solo un'operazione medica, quanto un legame profondo, intimo, indescrivibile che però lascia un segno ed un bisogno in ciascuna persona che voglia scoprirsi e capire davvero chi è. Lasciamo la parola al regista stesso Egidio Termine che incalza dicendo: "*Si parla spesso di maternità surrogata focalizzando l'attenzione sulle madri che oggi possono essere anche quattro. Nessuno pensa invece al bambino, al figlio che è il protagonista di questo fatto sociale nuovo. Quindi mi sono messo dalla parte del bambino e lo stesso titolo "Il figlio sospeso" è esplicativo di questo mio punto di vista che parte appunto dalla necessità di attenzionare il bambino, il protagonista che viene scambiato nella maternità surrogata"* (da Il Pellicano APS del 07.12.20217). Con la maternità surrogata si va a incidere sullo status di figlio (figlio di chi e quanti?) e, pertanto, sull'identità. Nell'art. 7 par. 1 della Convenzione Internazionale sui Diritti dell'Infanzia si legge la locuzione "conoscere i propri genitori". "Proprio", etimologicamente "vicino", è ciò che appartiene esclusivamente ad una persona. E nella maternità surrogata ciò non è garantito, perché quell'utero avrà dato o potrà dare alla luce altri figli sconosciuti e sparsi nel mondo cui viene negata aprioristicamente maternità naturale e rapporto di fratellanza.

L'uso indiscriminato del corpo

Francesco Occhetta esperto giurista osserva: "*La valutazione etica della maternità surrogata non può limitarsi a stabilire una sorta di «argine» al limite delle tecniche di procreazione artificiali. Non si tratta nemmeno di fissare parametri - quanto sarebbe giusto o dove sarebbe troppo - per capire fin dove è possibile arrivare con uno strumento tecnico che di per sé dovrebbe essere neutro. Infatti, essendo coinvolte la persona e la sua dignità come oggetto dell'agire tecnico, bisogna ricordare quell'imperativo che Immanuel Kant identificava come punto chiave del comportamento umano: «Agisci in modo da considerare l'umanità, sia nella tua come nella altrui persona, sempre come fine e mai come semplice mezzo»* (da Lex Iuris, articolo del 02 gennaio 2018). L'aspetto morale di tale prassi si pone al più radicale dei livelli dell'umano, quello del senso della vita. Parlare di un approccio etico alla maternità surrogata significa portare la domanda morale al cuore della tecnica per cercare come questa possa servire l'uomo, senza servirsene. Trasformare la procreazione in una produzione rivela un decadimento della percezione dell'umano verso le derive del post-umano: l'uomo svuotato del significato antropologico unitario, che rimane malleabile e plasmabile secondo il desiderio dei più forti e dei più ricchi. Si entra in modo clamoroso nel dominio dello scientismo, una chiara riduzione dell'uomo ad una sorte di oggetto sperimentabile in ambito empirico; il corpo diventa mezzo con il quale si può agire senza alcuna restrizione. Se lo sguardo che poniamo sulla maternità surrogata non si facesse carico di tale domanda sul significato umano di questa prassi, negheremmo la dignità umana, che invece ci permette di trovare risposte alle questioni qui sollevate. Proprio la storia del Novecento, con le sue pagine sanguinose, mostra come i crimini che l'umanità ha subìto abbiano di fatto espresso il volto più cruento eliminando il fondamento della dignità dalla coesistenza umana. L'essere ridotti ad un corpo che diventa preda di presunti "vantaggi" scientifici ci fa retrocedere a pagine tristi nelle quali si cercava una via per forme di purezza razziale piuttosto che di perfezionismo nella salute. "*Tutti gli esseri umani nascono liberi ed eguali in dignità e diritti. Essi sono dotati di ragione e di coscienza e devono agire gli uni verso gli altri in spirito di fratellanza*" (art. 1 Dichiarazione Universale dei Diritti Umani). Nella maternità surrogata non sembra che siano garantite queste premesse. In particolare, esaminando la parola "dignità", essa deriva da "degno" che avrebbe la stessa radice dei verbi latini "dicere", dire, e "docere", mostrare: quelle peculiarità umane di dire e mostrare le radici della vita e della singola storia appaiono compromesse nella maternità surrogata. Nell'abbandono di neonati o nel non riconoscimento, invece, per quanto disapprovabile quest'atto, vi è una storia e vi è una radice che può essere rammendata e rammentata dai genitori adottivi o da chi per loro. In ogni caso costruire un sistema per ottenere un risultato: la nascita di un bambino, senza tener conto del suo diritto primario ad un padre ed una madre che siano davvero coinvolti fin dal primo istante per la sua nascita in modo naturale, è certamente un fatto che non può trovare facile riconoscimento giuridico oltre che etico. Non solo ma pensare una società nella quale esiste una lacerazione tra madri biologiche e madri effettive può portare ad un lento ma progressivo indebolimento della stessa maternità. Non è facile per una donna, sia pure condizionata da molte ragioni, essere a tutti gli effetti madre in quanto generante e poi avere il dolore del distacco immediato dal figlio generato. Lo stesso figlio, e ne abbiamo spesso i riscontri con gli adottati, non si rassegnerà facilmente ad avere preclusa la possibilità di incontrare, conoscere e ritrovare nella madre biologica la sua stessa identità e sicurezza esistenziale. Non si può lasciare cadere questa ricerca sicuramente basilare per il proprio assestamento personale includendo il piano etico che spazia su quello emotivo, quindi psicologico.

In conclusione

A riprova di queste riflessioni vogliamo riportare un passaggio di una nota scrittrice: Susanna Tamaro. La studiosa elabora alcuni ragionamenti ben delineati sul diritto ad avere un figlio e sulla qualità dell'amore: "*Un amore che reclama diritti che razza di amore è? Il concetto di amore e quello di diritto sono assolutamente incompatibili. Non esiste il diritto di amore, così come non esiste il dovere di amare. Persino il Decalogo - oserei dire, il codice etologico dell'umanità - ci impone di onorare il padre e la madre, non di amarli. L'amore, per essere davvero tale, non richiede una legge a cui uniformarsi, ma piuttosto un'idea del bene, e l'idea del bene soggiace sempre a quella di reciprocità. Quale forma di reciprocità ci può essere in un rapporto di commissione della vita? Non fare agli altri quello che non vuoi sia fatto a te stesso è il principio su cui è retta la società umana fino ad ora. Per esercitare un nostro diritto, dunque, costringiamo lucidamente una persona a venire al mondo privandola di ciò che fa di un uomo un uomo, vale a dire la genealogia, mettendo sulla sua vita una grande ipoteca di infelicità*" (da S. Tamaro in "Non in mio nome" su Avvenire, 24 marzo 2017, p. 3). Reciprocità nello specifico è poter condurre una relazione che porti con sé la generazione e diventi un percorso, oltre che naturale, di intensa complicità nella volontà di condividere la crescita del bambino fin dai primi istanti del suo concepimento. Non si tratta di far altro che accogliere il dono di Dio della vita e lasciare che essa possa svilupparsi fino a diventare una persona che nasce senza nulla alterare o forzare del suo naturale sviluppo. Certamente la parte biologica non va difesa ad oltranza, ma tutelata in questo caso da una forma di invadenza con cui da un'altra persona si porta alla vita fisica ciò che appartiene alla coppia generante: i segni della vita che si imprimono fin dal suo primo sorgere in colui che nascerà. L'abbiamo già ricordato, ma è bene riprendere il principio etico che muove ogni intervento: i figli non sono oggetti (res) di diritto, né beni in commercio, sono soggetti di diritto, quindi protagonisti, persone cui voler e offrire tutto il bene possibile.

Ritorna l'argomento già trattato nella procreazione assistita: non si può pretendere di diventare genitori a tutti i costi a discapito di altri esseri agendo già in modo scorretto fin dal concepimento. Ripetiamo un concetto già indicato in precedenza: la libertà è sempre "per qualcuno", non è mai "da qualcosa"; non si realizza nello spazio infinito del moltiplicarsi dei bisogni-desideri, ma si costruisce nell'accoglienza del limite e della relazione con l'altro. Accettarsi anche e proprio perché limitati e farsene una convinzione comporta saper liberare da sé stessi energie, opportunità, idee e conseguentemente progetti che permettono un rilancio della propria persona e della coppia. Solo ciò che è pienamente umano perché costruito nell'ambito di relazioni vere e intrise di amore e solidarietà resta e dà pienezza di felicità. Potremmo dire con una frase evangelica un po' trasformata:

"che cosa giova guadagnare un figlio, un bambino per sé stessi se poi si perde il valore della generazione, dei rapporti umani e quel che più conta della certezza di avere compiuto un gesto che davvero è il suo bene"?

Un confronto finale

A questo punto tracciamo un parallelo tra l'adozione di un figlio generato da un'altra coppia che non sono i genitori adottanti e la maternità surrogata. Lo facciamo su tre punti:

1 – adottare significa prima di tutto dare l'amore, l'affetto, la sicurezza di una famiglia ad un bambino nato in circostanze complesse che purtroppo non può ricevere. Dunque è un gesto di spontanea disponibilità ad accogliere, accompagnare nella crescita e amare con tutto il proprio potenziale d'affetto una creatura che diversamente crescerebbe in istituti o addirittura sulla strada come avviene in molti Paesi Emergenti, specie nelle bidonville di grandi agglomerati urbani;

2 – adottare comporta una lunghissima preparazione sul piano istituzionale che prevede, oltre alla disponibilità dei genitori adottanti una lunga trafila specialmente nel protocollo burocratico e un notevole costo a livello economico. La preparazione segue, con competenti specialisti, la dimensione psicologica nonché morale dei genitori candidati all'adozione. Tutto questo per indicare il cammino complesso per poter accogliere e favorire nella crescita un bambino generato da altri, spesso in altrettanti Paesi lontani con la necessità di un'integrazione culturale e linguistica;

3 – adottare significa mettersi nella condizione di accogliere un bambino che potrebbe anche non essere nell'età di un neonato, anzi spesso specie nell'adozione internazionale possono venire assegnati minori già avanti nell'età della pubertà e talvolta anche più di un bambino dello stesso nucleo familiare proprio per non separare fratelli e sorelle. Di conseguenza non sono pochi coloro che hanno adottato due o tre fratelli e sorelle ovviamente senza poter scegliere, solo con la disponibilità ad accogliere. Quindi la predisposizione dei genitori è per una apertura senza ostacoli e con la massima disponibilità a sapersi confrontare al di là e al di sopra dei propri desideri e diremmo sogni del momento.

Ora il confronto con la maternità surrogata:

1 – certamente i genitori sociali amano il bambino che hanno commissionato, ma alla base non c'è un desiderio di accogliere, semmai di pretendere e questo avviene firmando un contratto, dando delle indicazioni e quel che peggio mettendo la persona che dovrà realizzare la maternità in condizione di essere fecondata con il seme di un'altra persona che non conosce, quindi non in un contesto d'amore, d'affetto e di condivisione. Questo significa che si parte già con la mentalità di carattere "commerciale" ben diversa dalla coppia adottante, e chi ci assicura che una volta partorito il bambino, se costui non risponde a dei canoni di salute e magari bellezza, o di sesso, o altro, venga poi addirittura rifiutato per cercare altre gestanti su commissione?

2 – si parla di preparazione anche lunga, forse eccessiva almeno nel nostro Paese. Esiste però un'opportunità di dare ai futuri genitori degli stimoli guidati per riflettere e capire il loro ruolo e soprattutto conoscersi nelle qualità educative che dovranno immettere verso il bambino che arriverà. Bene e qui, non mi si dica che non occorre una preparazione per un evento come questo che addirittura esce da quello a cui siamo portati a comprendere nelle vie naturali? C'è solo il desiderio da appagare in tutti i modi e quindi anche con parecchi esborsi economici, pur di ottenere il bambino, e della necessaria attenzione sul compito genitoriale, non di facile assunzione, chi se ne preoccupa? È facile affermare che una volta che il bambino sarà della famiglia sociale tutto si aggiusterà e del passato più nessuno ne farà parola, come dire cade nell'oblio. Crediamo che, sia pure nel film citato, il personaggio di Lauro abbia molto da dire sul tema della ricerca di identità e storia reale per comprendere la propria origine. Non basta un semplice contratto adempiuto ed un corpo partorito da un'estranea per affermare che è il proprio figlio a tutti gli effetti e senza alcun timore di conseguenze sulla propria crescita verso l'età adulta. Sicuramente una qualche forma di consulenza psicologica, pedagogica ed etica sarebbe molto opportuna ma ancor prima di intraprendere questa decisione per comprenderne a fondo gli effetti;

3 – la pretesa del figlio diciamo ancora a tutti i costi; chiude di fatto ogni possibile attenzione al mondo in cui si vive. Diventa una sorte di volere, potere e godere, perché se ne hanno i mezzi economici, tipici della mentalità consumistica, nonché edonistica nella quale siamo immersi. Certo anche l'adozione purtroppo ha dei costi notevoli, specie l'internazionale, ma salvaguardia il mistero della vita. Non si pretende, si accoglie, ci si mette a servizio dei bisogni altrui (almeno quando avviene secondo le normative legali), il bambino non viene scelto ma assegnato

da organi istituzionali che sovraintendono il procedimento. Mentre con questa scelta ci si chiude nel proprio bisogno individualistico e si fa di tutto per poterlo soddisfare anche a costo di umiliare, sfruttare e spesso approfittare della situazione debole di donne che per necessità si sottopongono a questa pratica che certamente non può fare del bene alla loro salute e lascia delle conseguenze sul piano relazionale e affettivo. È un atto che al di là del buon fine apparente, utilizza metodi, forme e strumenti che vanno a ledere in modo pesante a ciò che invece sarebbe più giusto e nobile: saper accogliere con amore i figli che vengono per via naturale.

Certo quando una coppia non può generare, nonostante le cure e le possibilità che abbiamo sopra esaminato, e desidera giustamente un figlio, che fare? Prendendo da alcuni dati raccolti da varie fonti missionarie, possiamo essere certi che vi sono centinaia di migliaia di bambini nel mondo che cercano una famiglia, una coppia genitoriale che li ami e dia loro dignità e possibilità di una crescita sana e socialmente adatta a sviluppare le loro qualità. Basta crederci, mettersi in gioco e in relazione con quanti camminano in questa direzione per un umanesimo accogliente e capace di integrazione culturale ed etnica; è certamente la frontiera del nostro futuro.

Infine è necessario perciò riflettere umanamente e umilmente sulle conseguenze della fecondazione eterologa e della maternità surrogata. A conclusione riportiamo quanto recentemente ha scritto papa Francesco in Amoris Laetitia : "*Ad ogni essere umano, dal concepimento alla morte naturale, va riconosciuta la dignità di persona. Questo principio fondamentale, che esprime un grande 'sì' alla vita umana, deve essere posto al centro della riflessione etica sulla ricerca biomedica, che riveste un'importanza sempre maggiore nel mondo di oggi*". (da A*moris laetitia*, al n. 54).

Capitolo Quinto

Offrire la vita oltre la vita

Il trapianto di organi, al di là dell'aspetto sanitario, è un gesto che ha un notevole impatto etico. Si tratta di donare qualcosa di sé stessi perché altre persone, spesso non direttamente conosciute, e quindi non facente parte del proprio nucleo di familiari, parenti ed amici, possano migliorare le loro condizioni di vita. Certamente una frontiera aperta da pochi decenni se consideriamo che il primo trapianto di cuore da persona a persona risale al 1968. In questa direzione si sono effettuati tanti studi, parecchie tecnologie e ricerche mediche per favorire una scelta che diventa nel tempo che passa sempre più adatta per migliorare la vita di molti pazienti. Addirittura può avvenire tra vivo e vivo ad esempio con il trapianto di un rene o di parte del midollo spinale o di parte del fegato in questo caso anche tra consanguinei con risultati nel tempo che trascorre sempre più sicuri e convincenti. Che fare, come porsi di fronte a questa nuova frontiera della scienza?

Prima di parlare dei fatti a noi più vicini viene alla mente un episodio della vita dei Santi protettori dei medici: Cosma e Damiano. Pare che i due fossero originari dell'Arabia, appartenenti ad una ricca famiglia. Il padre, Niceforo, si convertì al cristianesimo; la madre, Teodota (o Teodora), da più tempo cristiana, si occupò della loro prima educazione. Dopo aver appreso l'arte medica nella provincia romana di Siria, praticarono la loro professione nella città portuale di Ægea, in Cilicia, sul golfo di Alessandretta (attuale Turchia). Nota è la loro gratuità nell'operare i loro servizi medici, in applicazione del monito di Asclepio: «*Darete delle cure gratuitamente, se c'è da soccorrere un povero o uno straniero, perché dove c'è l'amore degli uomini c'è l'amore dell'arte*» . Uno dei loro più celebri miracoli, tramandati dalla tradizione, fu quello di aver sostituito la gamba ulcerata di un loro paziente con quella di un etiope morto di recente (da Catholic Encyclopedia: "Sts. Cosmas and Damian"). Emerge già una realtà: la gratuità delle prestazioni specialmente quando si tratta di interventi come questo dove per quel tempo si poteva parlare davvero di "miracolo" più che di progresso scientifico, ma era in ogni caso qualcosa di possibile e quindi eticamente corretto poter prelevare una parte di corpo da un cadavere per ridare salute e vitalità ad un infermo.

Ora passiamo a raccogliere al riguardo la testimonianza di un sacerdote arrivato alla gloria degli altari della diocesi di Milano. Stiamo parlando di don Carlo Gnocchi che nel dopo guerra aveva fondato l'istituto Pro Juventude per seguire, curare, accompagnare i mutilatini di guerra, i bambini che avevano subito delle gravi menomazioni e ferite derivanti dagli eventi bellici. Don Carlo prossimo a concludere il suo pellegrinaggio terreno volle donare le sue cornee perché almeno due dei suoi piccoli ospiti potessero riacquistare la vista. Vogliamo qui riportare questa testimonianza che al di là del gesto, davvero fuori dagli schemi per quel tempo, costituisce un esempio ed un invito a riflettere e approfondirne il significato. Infatti l'ultima volontà di don Carlo Gnocchi fu la donazione delle cornee. Lo aveva detto già un anno prima di morire: "*Se dovessi morire, voglio che cerchiate di dare i miei occhi a due dei miei ragazzi. Mi restano solo gli occhi, anche questi sono per i miei mutilatini*". Ricorda don Giovanni Barbareschi, amico fedele ed esecutore testamentario di don Gnocchi, che tre o quattro giorni prima di morire don Carlo gli chiese: "*Sei pronto a rischiare la prigione per me? Io voglio donare le cornee. Se ti senti, vai a cercare un oculista che si tenga a disposizione. Se ti va male sappi che andrai in galera per me*". Nei mesi precedenti l'evoluzione finale della malattia aveva incontrato nel Centro di Inverigo un ragazzo abruzzese cieco. Don Carlo lo aveva subito notato e aveva avviato le pratiche per trasferirlo e farlo operare in Svizzera, visto che in Italia i trapianti di cornea non erano ancora possibili. Sfidando la legge, il doppio intervento di trapianto con le cornee di don Carlo Gnocchi fu eseguito dal professor Cesare Galeazzi, direttore del *Pio Ospedale Oftalmico di Milano* (oggi Fatebenefratelli), che ricorda nel suo diario:

"Improvvisamente, domenica 26 febbraio alle 2 del pomeriggio suona il telefono. Era una suora della clinica *Columbus* che mi diceva di andare subito perché don Carlo aveva chiesto di me. Quando lo vidi giaceva nel letto, sotto la tenda a ossigeno, il viso esangue, le belle mani stanche e bianche. Mi disse: «Cesare, ti chiedo un grande favore, non negarmelo. Fra poche ore io non ci sarò più, prendi i miei occhi e ridona la vista a uno dei miei ragazzi, ne sarei tanto felice. Parti subito per Roma, là nella mia casa c'è da pochi giorni un bel ragazzo biondo e poi forse anche un altro, mi hanno detto che un trapianto di cornee potrebbe farli rivedere, avrei già dovuto parlartene, parti subito, promettimelo, io ti ringrazio. Addio...». Non dimenticherò mai quegli attimi di stravolgente commozione; non ricordo nemmeno che cosa dissi, so che piangevo e so che promisi. Ricordo che lo baciai in fronte. Uscii frastornato, pieno di paura per l'incombente gravoso impegno così solennemente assunto. Non sapevo nulla di questo ragazzo, ero spaventato e commosso. Partii subito per Roma angosciato dai dubbi. Se l'intervento non mi fosse riuscito? Avrei fatto in tempo a rientrare da Roma con il ragazzo?

Don Carlo palesemente agonizzava. La mattina dopo, il 27 febbraio, di buon'ora, sono alla casa dell'*Opera di Don Carlo*, chiedo del ragazzo, stentano a individuarlo, poi lo riconoscono in Silvio Colagrande di 12 anni. Me lo portano in osservazione; sono visibili gli esiti di un'ustione gravissima, cornee opache in misura sub-totale, certo un caso molto difficile, ma ancora in limiti di operabilità. Mi sento già più tranquillo. Dispongo per l'immediata partenza per Milano del giovane e richiamo l'ospedale affinché tutto sia pronto per operare in qualsiasi momento. Preannuncio il mio rientro, con la notizia che ormai è già di pubblico dominio. Del resto fin dal mio arrivo a Roma ero stato aggredito da giornalisti e fotografi.

Poco prima di ripartire il 28 febbraio mi giunge la triste, ma purtroppo attesa, notizia: don Carlo è spirato. Eterno, ansioso viaggio di ritorno. Quasi sgomento pensavo alla prova che mi aspettava: come un principiante andavo ripetendomi i tempi dell'intervento. Ma se il colpo di trapano per il prelievo del disco da innestare per l'emozione non mi fosse riuscito? E tutti quei vasi sulla cornea? Ci sarà emorragia? Il lembo resterà trasparente? Pensavo al mio aiuto, il dottor Mario Celotti, che in quel momento stava prelevando i bulbi dal volto spento di don Carlo e ringraziavo Dio per le circostanze che mi avevano risparmiato il compito. Ero preoccupato per l'esito dell'intervento. Poi, a tratti mi rasserenavo e dicevo: «don Carlo mi aiuterà». Successivamente venni a sapere delle difficoltà frapposte a Celotti dalla polizia a causa della legge italiana di allora che non permetteva il prelievo di cornee da un defunto. All'uscita dalla clinica la sua auto fu per un tratto seguita da quella della polizia che poi fece volutamente finta di perderla. La mattina dopo, il 29 febbraio, nel momento di eseguire l'intervento, mi sentivo stranamente tranquillo, all'angoscia era succeduta una sorta di fredda determinazione. A un impegno assunto con un «santo» agonizzante non vi erano alternative ed era in me, lo confesso, anche una punta di orgoglio. Per il secondo trapianto era pronta una giovane ragazza, Amabile Battistello di 17 anni, l'unica resasi disponibile il giorno prima. Arrivo in ospedale, vedo i giornalisti fermi all'ingresso e li evito entrando dall'ambulatorio. La camera operatoria è pronta, vi è un silenzio particolare, è una giornata diversa. L'induzione, l'anestesia. «Può cominciare professore...», la voce amica di Laura, la mia anestesista. Sono sereno, i tempi preliminari evolvono senza complicazioni e arriviamo al momento cruciale. Un attimo, ma solo un attimo di commozione, ho nelle mani, e ancora fisso, l'occhio azzurro di don Carlo che non c'è più. Ma mi aiuta, la mano non trema, il giro di trapano è sicuro. L'insediamento della cornea risulta facile, la pupilla è centrata, il cristallino perfettamente trasparente, il ragazzo vedrà. Anche il secondo trapianto non subì complicazioni. Il lembo innestato venne protetto da un dischetto di pelle d'uovo sterilmente preparato e tenuto in sito da due anse di filo incrociato. Il decorso post-operatorio fu ottimo per entrambi i pazienti, avvolto solo da un clima di grande clamore per quanto era avvenuto." (da Le pietre raccontano Sito del Comune di Cinisello Balsamo Settore Cultura e Sport).

Addirittura finire agli arresti od avere dei risvolti penali per un gesto che in ogni caso è di grande altruismo, di solidale attenzione per dare la possibilità di vedere a chi gli era impedito, è davvero qualcosa di assurdo. Abbiamo voluto trascrivere la cronaca di quei giorni per dare la giusta considerazione al clima che si stava vivendo. È vero che donare organi, anche solo le cornee, costituiva un reato e non vi erano ancora dei protocolli medici adatti, ma è altrettanto vero che la scelta di un sacerdote che aveva votato la sua vita a servizio dei bambini più sfortunati costituiva un fatto profetico nonché provocatorio sull'argomento. Potremmo farne una sintesi dicendo con frase evangelica: "c'è più gioia nel dare che nel ricevere". È vero non solo ma dare in questa situazione con la complicità di un medico chiamato ad essere esecutore delle volontà di un malato giunto al termine della vita che vuole continuare ad amare i suoi ragazzi fino ad offrire parte del suo corpo per il loro bene. Non solo ma si potrebbe anche riprendere l'episodio legandolo alla cultura della solidarietà, lo stesso don Gnocchi per tanti anni aveva cercato aiuti per fondare e sostenere l'opera a favore dei "mutilatini" di guerra e per questo non si era minimamente risparmiato girando ovunque in cerca di aiuti concreti. Quindi un gesto di solidarietà che va oltre anche la sua stessa vita diveniva ora il dono delle sue cornee perché altri potessero riacquistare il dono della vista. Si può dire che la sua generosità si sia protratta davvero oltre la morte ed abbia creato, dallo stesso racconto esposto, una vera squadra di lavoro per realizzare questo suo altissimo desiderio.

Vorremmo ora aprire diverse considerazioni etiche, ma prima di tutto è bene capire che il corpo, specie di una persona che oramai è deceduta, può essere a servizio di altri, del bene comune che va però determinato e ben ordinato. Riprendendo quanto detto più sopra che non è mai lecito fare del male per ottenere anche una finalità buona, quindi sopprimere una vita perché un'altra ne benefici; in questo caso abbiamo tre elementi che portano una riflessione.

- si parte dalla volontà espressa dalla persona di mettere a disposizione il proprio corpo quando non avrà più vita, quindi dopo l'avvenuto decesso. Di conseguenza non si agisce in modo diretto per provocare la conclusione della vita, si accetta ciò che derivante da una grave infermità;

- c'è un'esplicita scelta di donare parte di quel corpo ad una persona che diversamente non potrebbe vivere o vivrebbe con gravi limitazioni fisiche e spesso psicologiche, quindi ne deriva un sicuro miglioramento della propria condizione esistenziale;

- si vuole portare avanti con questa scelta la cultura dell'offerta di sé stessi in modo completo anche dopo la conclusione della vita fisica. Non dimentichiamo quello che aveva detto direttamente san Paolo parlando della fraternità tra le persone. "**Sapete che fu a causa di una malattia del corpo che vi annunziai la prima volta il vangelo; *e quella che nella mia carne era per voi una prova non l'avete disprezzata né respinta, ma al contrario mi avete accolto come un angelo di Dio, come Cristo Gesù. *Dove sono dunque le vostre felicitazioni? Vi rendo testimonianza che, se fosse possibile, vi sareste cavati anche gli occhi per darmeli*". (lettera ai Galati 4,14-15) Certamente l'esempio di Paolo è metaforico, ma indica bene che quando c'è un profondo legame di affetto, di amicizia, di solida fraternità, tutto sarebbe possibile per alleviare le sofferenze di una persona malata, perfino dargli una parte del proprio corpo per restituirgli la salute. Che significato ha questo? Porta verso un sicuro approdo all'etica di donazione, ovviamente a certe condizioni che vanno salvaguardate anche a livello pubblico con leggi adeguate e senza tentativi maldestri di interessi meramente commerciali. Non è purtroppo anacronistico parlare di commercio di organi anche da vivo a vivo chiedendo, in luoghi dove la miseria e l'ignoranza dominano, di donare un rene o altre parti del corpo anche tra viventi in cambio di offerte economiche. Davvero raccapricciante sapere di questi fatti, anzi sarebbe bene superarli applicando leggi chiare con protocolli ben precisi e organi di controllo efficienti. Riportiamo i risultati di un'indagine. Secondo gli esperti dell'OMS ogni anno (i dati sono del 2007), nel mondo, vengono eseguiti 21.000 trapianti di fegato, 66.000 trapianti di rene e 6.000 trapianti di cuore: il 5% degli organi utilizzati in questi interventi proverrebbe dal mercato nero, per un giro d'affari stimato tra 600 milioni e 1,2 miliardi di dollari. E l'aspetto più drammatico è che secondo Global Finance Integrity, un'ONG specializzata nel tracciamento dei flussi finanziari illegali, i numeri di questo macabro commercio sono in costante aumento.

La posizione della chiesa

L'argomento è decisamente legato alla realtà odierna. A questo proposito siamo andati a riprendere un importante discorso di papa Pio XII nel 1956, il fatto di don Carlo Gnocchi era avvenuto pochi mesi prima, quindi si tratta indirettamente di una risposta con il magistero della chiesa alla questione dei trapianti. Per la cronaca siamo al 14 maggio; Pio XII ricevette alcuni delegati dell'Associazione italiana donatori di cornea e dell'Unione italiana ciechi, nonché alcuni medici oftalmologi e docenti di medicina legale, ai quali rivolse un discorso che verteva principalmente sul prelievo della cornea. Egli ampliò tuttavia le sue considerazioni, e in seguito la chiesa cattolica ha valutato in questo discorso un punto di riferimento per i problemi etici posti dal prelievo dopo la morte e dal trapianto di tessuti e di organi. Pio XII rifiutava di considerare il corpo del singolo individuo deceduto come appartenente all'umanità intesa quale totalità. Tuttavia accettava pienamente il principio del prelievo di tessuti e di organi da un cadavere a scopo terapeutico e anche scientifico, a condizione che il corpo sia trattato con rispetto e che i diritti e sentimenti della famiglia non siano violati. Approvava il dono anticipato di tessuti, di organi e anche dell'intero corpo ed esortava a una educazione prudente del pubblico, ossia lo Stato, affinché aiuti le famiglie a consentire al prelievo di un organo dal corpo di un parente prossimo deceduto. Non accennò ai problemi posti dal prelievo da persona vivente, anche perché non si era sufficientemente preparati a livello scientifico.

Ecco direttamente le sue parole: "*Ci avete chiesto, signori, una parola di orientamento, di approvazione e di incoraggiamento per la vostra associazione, che vuole aiutare i ciechi e coloro la cui funzione visiva è lesa con le risorse tecniche e scientifiche della chirurgia moderna. Ben volentieri trattiamo in questo breve discorso dello scopo che vi proponete. L'abbondante documentazione che Ci avete fornito supera di molto il tema preciso che intendiamo sviluppare. Essa riguarda l'insieme del problema, sempre più acuto, del trapianto di tessuti da una persona a un'altra sotto i vari aspetti biologico e medici, tecnico e chirurgico, giuridico, morale e religioso. Ci limitiamo agli aspetti religiosi e morali del trapianto della cornea, non tra persone viventi (tema di cui non tratteremo oggi), ma da un corpo morto su un vivente. Saremo tuttavia obbligati a sorpassare i limiti di questo quadro ristretto per parlare di alcune opinioni che abbiamo riscontrato in questa occasione. Noi abbiamo esaminato i vari rapporti che ci avete trasmessi; per la loro obiettività, sobrietà e precisione scientifica, i chiarimenti che essi offrono sui presupposti necessari per un trapianto di organi, la sua diagnosi e la sua prognosi, hanno suscitato in noi una profonda impressione...Dal punto di vista morale e religioso non c'è nulla da obiettare contro l'asportazione della cornea da un cadavere, vale a dire contro le cheratoplastiche sia lamellari che perforanti, quando le si consideri in se stesse. Per colui che le riceve, ossia il paziente, rappresentano un ripristino e la correzione di un difetto di nascita o accidentale. Per quanto riguarda il defunto a cui si toglie la cornea, non lo si lede in nessuno dei beni a cui ha diritto né si lede il suo diritto a tali beni. Il cadavere non è più, nel senso proprio della parola, un soggetto di diritto, perché è privo della personalità che sola può essere soggetto di diritto. L'asportazione non è neppure la sottrazione di un bene; gli organi visivi infatti (la loro presenza, la loro integrità) non hanno più nel cadavere il carattere di beni, perché non gli servono più e non hanno più relazione con alcun fine. Ciò non significa affatto che nei confronti del cadavere di un uomo non possano esserci, o non ci siano di fatto, obblighi morali, prescrizioni o proibizioni; ciò non significa neppure che i terzi, che hanno cura del corpo, della sua integrità e del trattamento di cui sarà oggetto, non possano cedere, o non cedano di fatto, diritti e doveri propriamente detti. Ben al contrario. Le cheratoplastiche, che non sollevano in sé stesse nessuna obiezione morale, possono anche, per altri motivi, essere riprovevoli e anzi direttamente immorali".* Il papa aggiornato e assai documentato sull'argomento, toccava poi l'aspetto sociale e diremmo meramente economico, suggerendo delle chiare leggi sull'utilizzo per tutti coloro che ne hanno necessità di queste opportunità senza discriminazioni tra chi può o non può permetterselo per motivi economici. Quindi la gratuità degli interventi e la loro regolazione da parte di organi competenti. Una linea del magistero e della chiesa stessa ampiamente condivisa e fatta evolvere nel tempo. Lo stesso papa Francesco parlando ai membri dell'AIDO che si occupa delle donazioni di organi diceva: "*Dalla nostra stessa morte può sorgere vita e salute e aiutare chi ne ha bisogno*». La donazione degli organi, «*senza nulla chiedere in cambio*», resta un bellissimo gesto di solidarietà umana da incoraggiare. Il Papa si è raccomandato con i cattolici di vivere questo atto «*come una offerta al Signore*». Naturalmente, ha specificato, si tratta di offrire i propri organi, nei termini consentiti dalla legge e dalla morale. Solo così è «*un dono fatto al Signore sofferente, il quale ha detto che ogni cosa che abbiamo fatto a un fratello nel bisogno l'abbiamo fatta a Lui*» (da udienza del 13 aprile 2019).

Donare e prelevare

Veniva così aperta una strada assai lunga e diremmo ancora da esplorare, ma sostanzialmente attenta al bene delle persone ed alla cultura dell'offerta di sé stessi senza paure né chiusure. C'è solo da indicare quando davvero una persona può dirsi a tutti gli effetti morta, ossia priva di vita. Un dibattito scientifico assai lungo e diremmo contorto tra sostenitori del cuore che non batte più e cervello che non ha più attività e risulta piatto agli esami radiografici. Prendiamo un episodio da una produzione filmica, come abbiamo a più riprese già fatto nel nostro testo citando altri lavori. Raccogliamo un avvenimento narrato in una proiezione filmica, da parte di Pedro Almodovar regista spagnolo di "Tutto su mia madre". Nella trama il film inizia a Madrid con la morte di Esteban, figlio diciassettenne della protagonista Manuela, un'infermiera single. Quella sera, giorno del compleanno del ragazzo, i due erano andati a vedere lo spettacolo teatrale "Un tram chiamato desiderio". Alla fine della rappresentazione Manuela ed Esteban avevano atteso all'uscita del teatro Huma, la prima attrice, per un autografo. Ma quella notte pioveva a dirotto e la donna, una volta uscita dall'edificio, era salita subito in macchina per allontanarsi repentinamente. Esteban aveva tentato di rincorrere il veicolo, ma era stato investito e ucciso ad un incrocio. Ebbene la madre che fino a quel momento si era occupata di seguire il delicato passaggio dai donatori ai pazienti bisognosi di organi, spesso convincendo i parenti degli estinti sulla necessità della donazione, ora si trova protagonista diretta dello stesso evento. A lei viene richiesto l'espianto degli organi del figlio deceduto dopo l'incidente avuto. Il figlio viene posto in monitoraggio, la madre sa bene che la sua vitalità è tenuta per alcune ore ancora attiva dalle macchine perché i suoi organi non vadano in necrosi, quindi vanno irrorati i vasi sanguigni e tenuto "in vita" affinché l'eventuale trapianto sia possibile senza comprometterne la funzionalità. Che cosa fa? Come vive quel momento? Ha forse recitato quando per tanto tempo cercava di dialogare con i parenti di altre vittime portando a suo sostegno parecchi spunti affinché accettassero l'espianto degli organi, perché altri potessero vivere e quindi riprendere la normalità della loro esistenza? Una scelta difficile che il regista presenta con il dolore unito alla certezza che suo figlio ora potrà vivere in un'altra persona che riceverà proprio il suo cuore. Anzi verrà a sapere chi effettivamente sia quella persona andando a rovistare tra le carte dell'ospedale eludendo il segreto professionale proprio del protocollo sanitario. Nel film Manuela andrà personalmente a constatare la ritrovata salute della persona che ha ricevuto il cuore del figlio e se anche questo le comporterà la perdita del suo posto di lavoro, ha però ottenuto un grosso risultato, riconosce in quell'uomo risanato qualcosa del figlio scomparso. Un forte messaggio, una lezione di vita che vuole prima di tutto esprimere il valore di una scelta che costituisce un motivo di speranza e di solidale attenzione a chi diversamente non potrebbe più vivere o vivrebbe con grosse limitazioni per la propria salute.

Verso la cultura del dono

Attualmente vige la regola dell'anonimato anche per evitare forme che potrebbero portare a cercare direttamente da parte del paziente il proprio donatore e magari non solo per la gratuità del gesto. Tuttavia non credo sia irragionevole desiderare per la famiglia del donatore di incontrare, un giorno, la persona in cui «continua a vivere una parte» del figlio. Né che sia fuori logica per il ricevente avere il desiderio di sapere a chi appartiene quella che è ora divenuta una parte indispensabile e integrale della propria identità biologica. Non diversamente da quanto accade nei casi di adozione, e data l'importanza che ognuno di noi attribuisce alla propria identità, appare quindi del tutto plausibile che esistano dei casi nei quali entrambe le parti possano voler conoscersi e incontrarsi dopo che la donazione è avvenuta. Tutto ciò nel pieno rispetto dell'autonomia e dei diritti di tutti. È soprattutto in riferimento a questi casi che sarebbe utile pensare seriamente a come la proposta avanzata dal Comitato Nazionale di Bioetica possa un giorno trovare attuazione anche a livello legislativo. Attualmente, la Legge sulla donazione di organi italiana non considera la mancata espressione di volontà come silenzio assenso, ma richiede il consenso ai familiari più prossimi del defunto. Per donare gli organi è necessario raccogliere il consenso esplicito presso gli Uffici comunali al rinnovo della carta di identità esprimendo la volontà di donazione, la propria Asl di competenza, il medico di famiglia. Oppure è possibile compilare il tesserino blu del Ministero della Salute, con una dichiarazione scritta che rechi i dati del donatore o attraverso un atto olografo proposto dall'AIDO, cioè l'Associazione Italiana Donatori di Organi. Nel film descritto il prelievo degli organi avviene dopo la morte accertata da parte del personale della rianimazione. Ebbene la paura derivante dal sospetto di un'estrazione degli organi, nel caso in cui si finisca in coma per qualche tempo, può sciogliersi, in quanto l'espianto degli organi, secondo la legge italiana, avviene solo quando è stata accertata la diagnosi di morte cerebrale. L'espianto degli organi dopo la morte, dunque, può essere autorizzato solo quando è accertata la morte di un soggetto. Gli accertamenti sono effettuati da tre medici, un medico legale, un rianimatore e un neurofisiopatologo e ripetuti almeno due volte nell'arco di sei ore, attraverso un elettrocardiogramma della durata di venti minuti.

Perché diciamo tutto questo? Per far comprendere il valore etico di questa scelta davvero salvavita per molti ammalati e dall'altra parte atto di offerta di sé stessi oltre il tempo della propria esistenza. È vero che apparentemente nessuno vorrebbe che le cure cessassero del tutto anche quando ci si trova in condizioni particolarmente gravi, specie dopo traumi da incidente. Il protocollo sanitario esposto è assai attento alle possibilità di ripresa di una persona, in quanto la morte avviene già quando l'attività cerebrale cessa del tutto la sua funzione e il paziente è di fatto deceduto perché non ha più reazioni fisiche, può essere tenuto in "vita" è vero facendo funzionare il cuore ma la parte cerebrale è del tutto compromessa. La morte cerebrale corrisponde a tutti gli effetti al decesso del malato. Il paziente necessita della respirazione meccanica allo scopo di mantenere la funzionalità cardiopolmonare che, al di fuori di una terapia intensiva, non potrebbe protrarsi per più di pochi minuti. Il periodo di osservazione per l'accertamento della completa cessazione di tutte le attività cerebrali deve impiegare diverse ore, durante le quali una commissione di specialisti si avvale di supporti strumentali e dati clinici per vagliare qualsiasi minimo e teorico dubbio circa lo stato del paziente. Il concetto per cui la morte cerebrale equivale al decesso di una persona è stato accettato a livello legale e culturale nella maggior parte del mondo. In questa linea di etica della vita viene pienamente rispettata la persona in quanto la prima preoccupazione dei medici non è certamente l'espianto di organi, quanto la cura del malato attraverso ogni tentativo ragionevole di rianimazione utilizzando al meglio tutte le apparecchiature possibili e cercando ogni sia pur minimo segnale di vitalità che possa portare ad una ripresa. Ben diverso se si ideasse una manovra per abbreviare, sia pure per poco, le speranze di vita della persona preoccupati di effettuare il trapianto di più organi possibile, specie se il paziente è di giovane età, con il massimo di funzioni biologiche in piena salute.

Vogliamo ancora una volta in questo caso ribadire la questione di fondo semplice da intuire: spesso è difficile separare in modo netto l'identità di un «tutto» (e cioè, una «persona» o un «corpo») da quella di una sua «parte» (e cioè, un «organo»). Per esempio, se si rimuove o si aggiunge una certa parte ci si trova davanti allo stesso tutto di prima o a qualcosa di nuovo? Si consideri il caso in cui un cuore che è appartenuto a un ragazzino morto prematuramente venga trapiantato in un'altra persona, salvandole la vita. In questo scenario non è difficile immaginare che la famiglia del donatore possa pensare che una «parte» del figlio continua a vivere in un altro individuo, anzi ne celebra la memoria. Allo stesso modo, la persona che ha ricevuto l'organo in dono potrebbe legittimamente pensare che dopo il trapianto la sua identità - a livello biologico - sia in qualche senso mutata, in quanto si trova ora «integrata» da una parte che è appartenuta (appartiene) a qualcun altro. Questa ragione riguarda essenzialmente il significato che il trapianto può acquisire dal punto di vista della continuità della propria identità personale. La questione dell'identità, è, infatti, centrale in molti dibattiti di bioetica e quella della donazione degli organi non fa eccezione. A riguardo, esistono posizioni diverse e il dibattito filosofico che si è sviluppato in proposito è piuttosto complesso ed in rapida evoluzione. Ciò non toglie l'elevato valore di questa scelta anche sul piano della morale sociale in grado di esprimere un elevato senso di solidarietà espresso mediante una scelta che migliora senza dubbio la qualità morale stessa di una società. Vi sono degli individui che liberamente mettono il proprio corpo a servizio degli altri senza nemmeno conoscerli, ma solo ne interpretano la necessità di cure adattate alla loro ripresa e quindi a condurre una vita normale. Potremmo dire tranquillamente che in una società sostanzialmente individualista dove ciascuno pensa per sé e si rinchiude di fronte agli altri la cultura del trapianto segna un passo deciso verso il senso comunitario della condivisione. La relazione con l'altro, dunque, ci indica con estrema precisione lo stato del nostro relazionarci a noi stessi. Siamo capaci di accettare tutte le nostre parti, di prenderle tutte in consegna? Se ci riusciamo, se siamo capaci di riappropriarci, accettandoli, di tutti i pezzetti di noi con i quali investiamo gli altri, allora il nostro senso d'unità è compiuto ed apre la strada all'autentico incontro con l'altro. Donare qualcosa di noi stessi anche oltre la nostra esistenza ci fa capire che non viviamo da soli, siamo immersi in un universo di persone che interpellano lo stesso esistere e la nostra salute, il nostro corpo è così facente parte integrante della nostra persona, ma in realtà aperto al confronto con il mondo che ci circonda e che interpella a gesti di apertura e offerta di ciò che siamo e possiamo donare.

È importante, quindi, promuovere una cultura della donazione soprattutto attraverso l'informazione. Dalla nostra morte e dal dono del proprio corpo, possono sorgere vita e salute di altri, malati e sofferenti. Ciò contribuisce a rafforzare la cultura dell'aiuto, del dono, della speranza, della vita. Nel testo abbiamo affrontato tante problematiche ma ci sentiamo di concludere con la bellezza di chi avendo ricevuto il dono di un organo ha potuto riappropriarsi della vita e viverla senza dubbio sotto un'altra ottica, non la pretesa ma il dono l'offerta di sé stessi perché altri vivano felici. Qui vogliamo concludere con la testimonianza di Teresa alla quale il trapianto di midollo osseo ha permesso di uscire dalla leucemia che la stava portando a concludere i suoi giorni in giovane età. Donatrice da viva è stata la madre stessa che è come l'avesse partorita per la seconda volta. Lei stessa dopo la lunga trafila e le necessarie terapie post trapianto scrive: "*È un po' come quando sboccia un fiore: i petali si aprono e lo si può vedere nel suo splendore. Certo è che ogni giorno è diverso dall'altro e ci sono sempre alti e bassi perché ho imparato che il post trapianto è tanto delicato quanto il durante, non solo da un punto di vista fisico ma anche morale e psicologico. Non voglio cancellare i momenti duri perché sono stati proprio questi momenti a tirare fuori il meglio di me. Mi sento una tipa tosta, sicuramente di più della Tere di prima"* (dal Sito Sì alla vita del 11 luglio 2018).

Printed by Books on Demand GmbH, Norderstedt / Germany